公共安全管理评论

2020

主编　曹明　许超　王义保

中国矿业大学出版社
·徐州·

图书在版编目(CIP)数据

公共安全管理评论:2020 / 曹明,许超,王义保主编. —徐州:中国矿业大学出版社,2020.11

ISBN 978-7-5646-4692-9

Ⅰ.①公… Ⅱ.①曹… ②许… ③王… Ⅲ.①公共安全—安全管理—研究 Ⅳ.①D035.29

中国版本图书馆CIP数据核字(2020)第218914号

书　　名　公共安全管理评论(2020)
Gonggong Anquan Guanli Pinglun (2020)

主　　编　曹　明　许　超　王义保

责任编辑　姜　翠

出版发行　中国矿业大学出版社有限责任公司
(江苏省徐州市解放南路　邮编 221008)

营销热线　(0516)83884103　83885370

出版服务　(0516)83995789　83884920

网　　址　http://www.cumtp.com　**E-mail**:cumtpvip@cumtp.com

印　　刷　广东虎彩云印刷有限公司

开　　本　880 mm×1230 mm　1/16　**印张** 8.25　**字数** 256 千字

版次印次　2020年11月第1版　2020年11月第1次印刷

定　　价　48.00元

(图书出现印装质量问题,本社负责调换)

前　　言 Preface

安全是人类永恒追求的目标之一，是现代人类社会活动的前提和基础。我国工业化迅猛发展，城市化水平不断提高，然而伴随快速发展的各类公共安全问题层出不穷。这些公共安全问题包括自然异动导致的各种灾难、生产生活过程中出现的各类事故、公共卫生事件以及社会安全事件。公共安全已然成为当前和未来困扰我国发展的关键问题之一，公共安全管理是学术界亟须探索的重要研究方向。

在近年的教学与科研中，编者所在学院的师生在公共安全管理领域取得了一系列研究成果，多位教师获得了国家社会科学基金课题资助，每年200余位师生组成的调研团队，分成19个小组对全国36座重点城市的360个基层社区进行全国城市公共安全调研，取得了大量的问卷和访谈等第一手资料，出版了《江苏省城市公共安全蓝皮书(2017)》《公共安全感蓝皮书:中国城市公共安全感调查报告(2018)》《公共安全感蓝皮书:中国城市公共安全感调查报告(2019)》《中国城市公共安全深访报告(2020)》等，积累了城市公共安全管理、城市社会治理以及应急管理教育教学改革等相关领域的系列研究成果，这些是团队的辛勤劳动和智慧结晶。为了珍惜这些知识财富，加强优秀论文学术成果的交流推广，鼓励从事公共安全管理领域的研究者，营造向上的学术氛围，促进教师与学生的成长与发展，我们组织编写了《公共安全管理评论(2020)》。

《公共安全管理评论(2020)》包括三个部分:城市公共安全、社会治理、教育改革。全书共收编了16篇论文，约26万字。因篇幅有限，一些优秀论文未能编入，深感遗憾。

编　者
2020年8月

目　录 Contents

◇ 城市公共安全

◇ 社会治理

◇ 教育改革

1

城市公共安全

Urban Public Security

半嵌入性合作:社区应对公共卫生事件的路径选择
——以新冠肺炎疫情防控为例

米　宁　王义保

摘要:社区是社会治理的基本单元,正在成为我国应对突发事件的坚强堡垒。以新型冠状病毒肺炎(新冠肺炎)疫情为例,了解居民对社区在疫情防控工作中的满意度,对于及时发现并完善社区在疫情防控中存在的薄弱环节,发挥社区在疫情防控中的阻击作用具有重要意义。调查发现,公众对社区在疫情防控中的物资管理及利用透明度、社企力量参与等方面的满意度较低。由此,可引入嵌入性理论,在基层政府、企业、社会组织及社区之间展开"半嵌入性"合作,各主体在做好各自疫情防控工作的基础上,与社区在疫情防控宣传、物资调配及利用、疫情核查和人员参与等方面开展合作,开辟一条有效应对公共卫生事件的社区治理新路径。

关键词:社区;半嵌入性合作;公共卫生事件

一、引言

2019年12月8日,武汉市发现第一例不明原因肺炎。2019年12月31日,武汉市卫生健康委员会(卫健委)首次公开发布疫情通报。2020年1月12日,世界卫生组织正式将造成武汉肺炎疫情的新型冠状病毒命名为"2019新型冠状病毒(2019-nCoV)"。此次疫情已波及全国。截至2020年2月23日24时,全国累计确诊感染77 150例,死亡2 592例[1]。

2020年2月14日,习近平总书记在中央全面深化改革委员会第十二次会议上,对完善重大疫情防控体制机制、健全国家公共卫生应急管理体系作出重要部署,要求总结经验、吸取教训,健全国家公共卫生应急管理体系,提高应对突发重大公共卫生事件的能力水平。自2003年抗击"非典"疫情以来,党和国家高度重视公共卫生服务体系建设,公共卫生应急管理体系和应急预案体系逐步建立,但在此次新冠肺炎疫情防控中,也暴露出我国在公共卫生应急管理体系方面存在的一些短板和不足。面对突发事件,应急管理需要各层级各部门在完善"一案三制"(一案:应急预案;三制:应急管理体制、应急运行机制、应急法制)的基础上发挥城乡社区在处理突发事件中的坚强堡垒作用。

公共卫生事件具有突然性、复杂性、破坏性和不可预测性等特点,及时甄别、有效管控、科学处理,关系到全国人民的生命安全与社会稳定[2]。通过调查居民对社区在疫情防控工作中的满意度,发现社区在疫情防控宣传、物资调配及利用、疫情核查、人员参与等方面存在偏差和薄弱环节,及时矫正,以期减少社区疫情防控工作的阻力,减轻工作人员负担。

二、概念梳理与理论引入

(一)嵌入性概念发展

"嵌入性"一词最初是指一事物内生于他事物的一种客观现象或过程,最早由波兰尼引入经济领域。波兰尼认为,人类经济嵌入并缠结于经济与非经济的制度之中,将非经济的制度包括在内

作者简介:米宁(1996—),男,河北正定人,中国矿业大学城市公共安全管理智库助理,研究方向为公共安全与应急管理;王义保(1974—),男,江苏丰县人,中国矿业大学公共管理学院(应急管理学院)教授、博士生导师,研究方向为公共安全与应急管理。

是极其重要的[3]。美国社会学家格兰诺维特在《经济行动和社会结构：嵌入性问题》中将“嵌入性”的内涵进行了深化和拓展，他最先提出了关于嵌入性的一个分析框架，即结构嵌入性和关系嵌入性框架。现有分析框架主要涵盖：关系嵌入性和结构嵌入性框架，结构嵌入性、认知嵌入性、文化嵌入性和政治嵌入性框架，业务嵌入性与技术嵌入性分析框架等，其中以关系嵌入性和结构嵌入性框架为经典分析框架[4-6]。“嵌入性”理论的研究最初主要集中于解释经济行为与社会结构之间的互嵌性，后逐步应用到产业集群、企业治理等领域[7]。研究嵌入性理论对于理解人类在各个领域行为活动的嵌入性提供了一个分析视角，为“嵌入性合作”在应急管理领域的应用，特别是对公共卫生事件中的应对路径选择具有重要启发意义。

（二）嵌入性理论在应急管理领域的发展

应急管理是一个内涵和外延都十分广泛的综合性概念。我国《突发事件应对法》按事件产生的原因将各类突发事件分为自然灾害、事故灾难、公共卫生事件和社会安全事件。公共卫生事件是指突然发生，造成或者可能造成社会公众健康严重损害的重大传染病疫情、群体性不明原因疾病、重大食物和职业中毒以及其他严重影响公众健康的事件。此次新冠肺炎疫情属于典型的公共卫生事件，对我国经济社会发展造成了一定程度的影响。

嵌入性理论引入我国已有较长时间，也有较多的研究介绍和理论成果出现。但将嵌入性理论与应急管理二者结合起来的研究成果较少，研究对象和焦点多集中在社会组织发展策略以及政府与社会组织嵌入性关系的建构。刘严萍等基于嵌入性理论和网络治理理论，探索政府和非营利组织在结构和关系性嵌入中的平等合作，构建起应急协同模式发展的分析框架[8]。李瑞昌立足于基层应急管理单元建设，认为城市治理网络的嵌入机制本质上是一种资源整合机制，网络型应急管理在强调以政府为核心的基础上要建立多种嵌入机制，以满足民众需求和协同合作要求[9]。王名等从嵌入性理论出发探究社会组织参与社区治理的过程，讨论了政府与社会组织、社会组织与社区的双向嵌入关系，并形成以“专业性”为主导的政府互动逻辑，以及以“对话性”为主导的社区互动逻辑的行动探索[10]。基于上述文献梳理，笔者尝试就嵌入性理论在应急管理领域特别是在公共卫生事件中各行动主体的合作路径展开进一步的探讨。

三、实证研究

（一）问卷设计与调查

根据本次研究需要，我们设计了关于社区疫情防控工作满意度的调查问卷，问卷分为 4 个部分，分别是宣传、人员及物资、核查、参与。变量均采用李克特量表进行计量打分。每个变量都从不同角度进行调查与测量，以反映样本用户对新冠肺炎疫情防控工作的满意度。问卷调查于 2020 年 2 月 16 日在网络调查平台上进行。问卷在不同群体中进行发放，以使问卷的调查结果具有一定的代表性和普遍性。问卷发放时间为 2020 年 2 月 16 日—23 日，共发放问卷 470 份，收回问卷 470 份，其中有效问卷 470 份，有效回收率 100%。

（二）信度和效度分析

本文调查问卷的信度主要通过反映内部一致性的克朗巴赫信度系数来衡量稳定性与可靠性，并通过因子分析检验调查问卷的结构效度，抽取有效的共同因素。

1. 信度分析

一般认为，当克朗巴赫系数在 0.7 以上时，量表可以使用。[11]通过 SPSS 21.0 软件，各个变量的克朗巴赫系数值均大于 0.7，这表明问卷具有良好的信度。关于社区疫情防控工作满意度的调查问卷的信度分析，见表 1。

表 1 关于社区疫情防控工作满意度的调查问卷的信度分析

编号	内容	条目个数(N)	克朗巴赫系数
1	宣传	3	0.828
2	人员及物资	4	0.826
3	核查	5	0.864
4	参与	4	0.793

2. 效度分析

调查问卷的结构效度反映该调查问卷测验所得的结果是否具有稳定的结构。本研究通过抽取有效的共同因素作为因子，进而通过因子分析检验调查问卷的结构效度。通过抽取的因子来解释原变量,可达到减少条目个数的目的,使得变量结构更加清晰。本调查问卷的因子分析是将调查问卷的所有条目一次性纳入因子分析中,挑选4个因子作为本量表的最佳因子。

在进行因子分析时,需经KMO检验与Bartlett球形检验,根据两数值的大小判断调查问卷是否适合做因子分析。KMO检验与Bartlett球形检验结果见表2。

表2 KMO检验和Bartlett球形检验结果

取样足够度的KMO度量值		0.949
Bartlett球形检验	近似卡方统计量	4 155.729
	自由度	105.000
	P值	<0.001

KMO是取样适当性度量,KMO值越大,表示条目间的共同因素越多,越适合进行因子分析。根据Kaiser的观点,本研究中KMO值为0.949,表示适合进行因子分析。此外,Bartlett球形检验的近似卡方值为4 155.729,达到显著($P<0.001$),代表所测群体的相关矩阵间有共同因素存在,适合进行因子分析。

本研究因子中,依特征值大于1并限制抽取4个因子作为抽取因子的标准,抽取的4个因子解释变异量分别为54.020%、6.211%、6.042%、4.405%,累计解释变异量为70.679%,且普遍大于1,说明本研究中的调查问卷满足因子分析,具有很好的结构效度,设计合理。

(三)社区疫情防控工作满意度的差异性分析

本研究对城市和农村社区的调查对象,首先采用描述性统计,其中分类资料采用百分率或构成比描述,计量资料满足正态分布采用均数和标准差,不满足正态分布采用中位数及四分位数间距描述。等级资料间的对比采用秩和检验,不同率或构成比之间的比较用χ^2检验,得分服从正态分布的采用t检验,不满足的采用Wilcoxon秩和检验。

1. 性别对社区疫情防控工作满意度的差异性分析

居民性别对社区疫情防控工作满意度的差异性分析,见表3。

表3 居民性别对社区疫情防控工作满意度的差异性分析

项目	男(N=187)	女(N=283)	统计量	P值
宣传	21.09±5.703	22.29±4.669	−2.492	0.013
人员及物资	27.19±6.958	28.23±5.687	−1.772	0.077
核查	36.18±8.172	37.99±6.742	−2.617	0.009
参与	29.12±6.755	30.71±5.115	−2.886	0.004

从表3可知,男性和女性在宣传、核查和参与三个方面的满意度有差异($P<0.05$),结合均值和标准差分析得出:在防疫宣传方面,男性的满意度分值低于女性的分值,说明女性对社区疫情宣传工作更满意,而男性相对于女性不满意。在防疫核查方面,男性满意度分值低于女性分值,说明女性对社区的防疫核查工作更满意,而男性相对于女性不满意;在防疫参与方面,男性的满意度分值同样低于女性的分值,说明女性对社区防疫工作的社会参与性更满意,而男性相对于女性不满意。

2. 年龄对社区疫情防控工作满意度的差异性分析

居民年龄对社区疫情防控工作满意度的差异性分析,见表4。

表4 居民年龄对社区疫情防控工作满意度的差异性分析

项目	年龄小于25岁(N=313)	年龄大于等于25岁(N=157)	统计量	P值
宣传	22.95±4.344	19.55±5.812	7.103	<0.001
人员及物资	28.50±5.839	26.43±6.776	3.435	0.001
核查	38.46±6.939	34.90±7.708	5.047	<0.001
参与	31.34±5.12	27.55±6.439	6.923	<0.001

表4显示,两大年龄段在宣传、人员及物资、核查与参与等四个方面的满意度均存在明显差异($P<0.05$),结合均值和标准差分析得知,年龄在25岁及以上的居民在四个方面的满意度均低于年龄在25岁以下的居民满意度。研究结果表明,年龄是影响居民对社区疫情防控工作满意度的重要因素。

(四)居民对社区疫情防控工作满意度分项描述

1. 社区疫情防控宣传分项描述

社区疫情防控宣传满意度,见表5。如表5所示,有39.15%的居民对所在社区采取的防控宣传力度感到不满意（“非常不满意”“不满意”“一般”选项统一描述为“不满意”，下同），37.87%的居民不满意社区防控宣传效果，33.62%的居民认为社区并没有采取多样化防疫宣传手段。

表 5 社区疫情防控宣传满意度

宣传分项	满意度/%				
	非常不满意	不满意	一般	满意	非常满意
宣传力度	5.32	5.53	28.30	45.74	15.11
宣传效果	6.17	5.32	26.38	47.02	15.11
宣传手段多样性	3.62	7.23	22.77	47.02	19.36

2. 人员与物资管理分项描述

社区防疫工作人员态度及物资管理满意度，见表 6。如表 6 所示，34.89%的居民对社区防疫人员的工作态度感到不满意；43.19%的居民对社区生活物资供应感到不满意；48.73%的居民对社区的疫情防控物资供应（分配）感到不满意；59.36%的居民对所在社区疫情防控（捐赠）物资利用透明度感到不满意。

表 6 社区防疫工作人员态度及物资管理满意度

人员及物资分项	满意度/%				
	非常不满意	不满意	一般	满意	非常满意
工作态度	3.40	5.96	25.53	48.30	16.81
生活物资供应	3.19	11.49	28.51	44.68	12.13
防控物资供应	4.26	10.21	34.26	40.21	11.06
物资利用透明度	5.32	13.19	40.85	30.64	10.00

3. 社区疫情核查分项描述

社区疫情核查情况满意度，见表 7。如表 7 所示，70%的居民认为社区做到了常态化疫情核查（“同意”与“非常同意”选项总和），69.78%的居民认为社区做到了人员、车辆出入必登记，69.57%的居民认为社区对复产复工人员采取了弹性核查措施，65.96%的居民认为社区对外来租户采取了弹性核查措施，仅有 62.98%的居民同意社区对公共设施、场所采取核查措施。随着复工复产高峰的临近，部分社区在对复工复产人员的疫情核查中依然没有做到弹性处理手段，存在“一刀切”现象；在对社区内公共场所、设施的核查过程中依然存在防控不到位的现象。

表 7 社区疫情核查情况满意度

核查分项	满意度/%				
	非常不同意	不同意	一般	同意	非常同意
常态化核查	2.55	6.38	21.06	50.43	19.57
出入登记落实核查	2.55	5.74	21.91	47.87	21.91
对复工人员弹性核查	2.98	5.74	21.70	54.89	14.68
对外来租户弹性核查	3.40	6.17	24.47	51.28	14.68
对公共设施场所核查	3.19	7.45	26.38	47.66	15.32

注：表内数据四舍五入，取约数。

4. 社区疫情防控参与分项描述

各主体参与社区疫情防控情况满意度，见表 8。如表 8 所示，32.13%的居民对社区干部、党员参与疫情防控工作情况表示不满意，46.60%的居民对社会各主体（政府、企业、社会组织）参与社区防疫工作的情况表示不满意，33.41%的居民对本社区其他居民的防疫工作配合度感到不满意。

表 8 各主体参与社区疫情防控情况满意度

参与分项	满意度/%				
	非常不满意	不满意	一般	满意	非常满意
干部、党员参与	1.70	4.47	25.96	51.91	15.96
社会参与	2.77	8.72	35.11	41.49	11.91
居民配合度	2.98	6.17	24.26	48.30	18.30

注：表内数据四舍五入，取约数。

上述数据显示，社会各主体对社区防疫工作参与度较低，基层联防联控工作的开展存在一定的阻力。

四、社区联防联控出现上述问题的原因

（一）宣传工作重视程度不到位

宣传工作既要做到全面，更要做到精准。在此次疫情防控工作中，造成不同年龄段的居民对社区在疫情防控宣传中的满意度不一，原因是社区对疫情防控宣传工作的复杂性缺乏足够认识，只注重“做了”，不注重“做好”，宣传手段虽多，效果却不尽如人意。

（二）物资调配利用监管不到位

造成社区必备物资少、物资利用率低、透明度低等问题的原因是社区防控物资和生活保障物资缺乏专业化管理和精准化监督。由于疫情防控的特殊性，基层社区“全封闭式”管理的做法容易造成与社会隔离的后果，单靠社区一方难以实现对物资从运送、分配到后勤管理的全过程监管。

（三）核查工作责任落实不到位

社区在疫情防控核查过程中存在“一刀切”现象。这种不注重研究各类情形，不懂变通、简单蛮干、大而化之的做法是另一种形式的“懒政”。产生这种现象的原因是相关人员在工作中权责未明确，缺乏足够的责任担当，对核查工作在疫情防控中的重要性认识不充分。

（四）“社区-社会”共同体意识尚未形成

在此次疫情防控过程中，我国基层社区已基本形成“社区共同体”，虽举全社区之力抗击疫情，但社区内部也面临着困难多、阻力大、参与度低的境况。产生这种现象的原因是社区与社会之间尚未形成共同体意识，在应对突发事件时阻隔多、联系少，顾虑多、合作少，主动性不足。

五、“半嵌入性合作”何以产生

基于公共卫生事件的特殊性及统计数据分析，笔者提出公共卫生事件中社区“半嵌入性合作”体系（图 1），以提升社区联防联控机制工作效能。

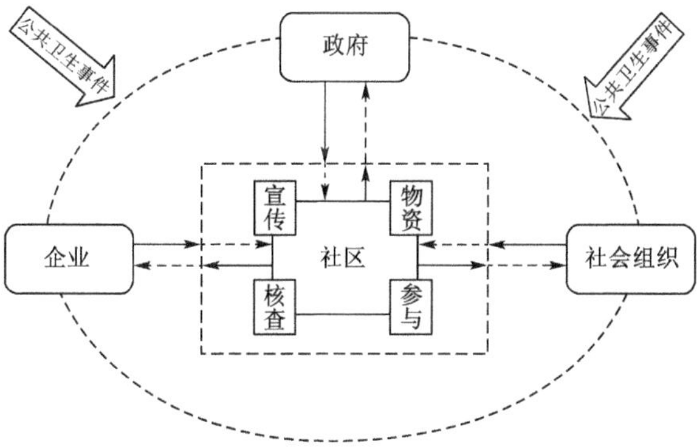

图 1　公共卫生事件中社区“半嵌入性合作”体系

（一）从“嵌入性合作”到“半嵌入性合作”

新冠肺炎疫情具有快速人传人的特点，且感染人数呈现不断增加的趋势。一方面，社区要避免易感人群接触感染，所以需要保持封闭性和独立性；另一方面，社区既要对感染者进行检测、确认和隔离，也要对未感染居民提供必要的生活保障，所以在封闭期间必须做到与外界有序互动。“半嵌入性合作”不同于“嵌入”视角中基层社区相对于国家的绝对弱势而表现出的完全依附与不平等状态，“半嵌入性合作”强调社区在保持独立性的前提下，关注外部取向，主动与外界主体在某个或某些领域展开合作。“半嵌入性合作”产生于社会中的资源分散和组织间的功能差异[12]。资源分散是指社区所需的资源由社会中各个主体掌握。功能差异是指作为不同主体，政府、企业、社会组织与社区承担着不同的社会职能。

（二）“半嵌入性合作”的表现

“半嵌入性合作”主要表现为“结构的半嵌入性”和“关系的半嵌入性”。

“结构的半嵌入性”体现在两个方面：① 社区是一种具有稳定秩序结构的整体，是居民参与管理社会事务的起点，并具有空间上的独立性；② 在发生突发事件时，社区因管理结构过于简单、缺乏应急管理能力，而不足以独立应对公共卫生事件，需要完善突发事件境遇下的社区治理组织构架，建立社区-社会支持体系。

“关系的半嵌入性”是指新冠肺炎传染性强，需要政府、企业、社会组织与社区的工作人员彼此保持一定的独立性，不发生聚集性活动，但同时社区在防控工作中又需避免全封闭式管理的做法，因此各主体应在做好疫情防控的前提下合理参与社区防控工作，构成“关系的半嵌入性”。

六、结论与政策建议

为及时矫正社区在疫情防控宣传、物资管理、疫情核查及人员参与等方面存在的偏差，缓解社区防疫工作压力、提高联防联控效率和社区居民对防疫工作的满意度，本研究提出以下建议。

（一）结构的半嵌入：优化管理机制

1. 无缝对接，强化物资保障机制

社区自身结构简单，缺乏独立应对突发事件的能力，因此需要政府、企业、社会组织等主体的介入，以优化社区管理人员及管理结构。对于防控物资管理，一方面，政府部门为社区开辟绿色专供通道，建立生产企业、销售部门和市场监管部门协调联动机制，指定专人予以协调指导；厘清各社区需求，公正合理搞好分配，强化物资分配和使用等过程监督，确保有限资源发挥最大效果。另一方面，社会组织与社区应充分协商，建立第三方核查小组，并对捐赠的医疗用品进行公开公示、统筹调配，提高捐赠物资调配使用效率和透明度。

对于居民生活物资管理，可采取居民“线上”分类团购和社区工作人员“线下”采购分发相结合的方式，缓解居民买菜难等问题。“线上”分类团购可建立团长负责制，指派社区工作人员担任团长并与相关企业对接；同时，规范团购、套餐制经营手段，及时将居民意见建议反馈给企业、超市，做好无接触配送、买菜购药、水电气保障等服务。“线下”采购分发主要针对独居老人、儿童、残障人士等特殊人群，建立“社会志愿者—社区工作者—居民”对接模式。社区工作人员与特殊居民群体做好点对点沟通，列好需求清单，再与社会志愿者对接采购生活物品。这种对接模式一方面可以保障特殊居民群体的利益，另一方面可以分摊负担，减轻社区工作人员的防疫压力。

2. 分层管理，优化疫情核查机制

面对疫情，社区应结合当地实际，制定弹性防控措施，做到“硬性规定”与“弹性管理”相结合。对确诊病例多，或有连续增加态势的社区，要严格防控、阻止扩散，加强疫情核查，强化救治力量，切实在分流、隔离、确诊、救治等方面做到“准、全、快”。对确诊病例少，或有连续下降趋势的社区，要阻断传播，开展追踪管理，做好确诊及密切接触人群的隔离、诊治工作，有序推动复工复产。对无确诊病例或连续多日无新增病例的社区，要严防输入，尽快推动复工复产。做好对已开工社区居民的联防联控工作，政府需对各社区企业进行调查，压实疫情防控宣传，全覆盖，不留死角；社区党委、居委会监督企业定期对开工场所进行消毒、通风，为企业提供一些社区能做到的服务，并逐个与相关企业签订四方（单位、属地、部门和个人）责任书，落实防控责任。

（二）关系的半嵌入：树立共同体意识

新冠肺炎传染性强，各主体在工作开展过程中应保持“隔离”状态。在做好自身防护的前提下，各主体亦可利用大数据等信息技术手段，避免各自脱节，实现疫情防控信息互通、资源共享、责任共担。

1. 点面结合，营造防疫宣传良好氛围

社区中存在不同年龄段的居民，且男性和女性对疫情防控宣传工作的满意度不一，所以宣传必须做到手段及途径的多样化。一是社区全面用好阵地宣传，做到点对点宣传。充分利用宣传栏、广播、横幅等公共领域宣传载体广泛宣传疫情防控知识，形成浓厚的宣传氛围。通过网络线上沟通、电话讲解等方式，把疫情信息传递到户，确保人人知晓。对独居老人、儿童、残障人士等特殊人群做好心理疏导，做到点对点关注。二是企业通过网络平台，纵深推进疫情防控宣传。充分利用各平台工作群、办公系统等载体，第一时间转载和推送疫情及防控进展的权威信息。引导员工做好自我防护，正确、理性认识疫情。三是政府部门强化舆论导向，严格做好舆情管控。对发现的各类未经证实的消息及时验证，对群众提出的问题及时释疑解惑，开展群防群控，相互监督。四是医药学会等各类专业性社会组织通过开展形式多样的疫情防控科学宣传和专业服务活动，提高社区防疫工作的科学性与有效性。

2. 互联互通，营建责任共同体

社区是疫情联防联控、群防群控的关键防线，只有推动防控力量下沉，实现多方互动，才能把社区这道防线守严守牢。一是强化基层政府部门与社区联动。将力量下沉到社区，压实防控责任，统筹安排机关和国有企事业单位党员进社区，强化党建引领，结合各自专长，协助社区做好疫情防控工作。二是强化社会组织与社区联动。号召社会工作行业协会、社会服务机构、社会工作者参与社区疫情防控，做好宣传引导、落实防控责任。通过社区线上交流平台发布志愿者招募信息，促进社会组织与社区志愿者联动，有序安排社会组织为社区志愿者开展线上防疫技能培训。三是落实防控工作“人性化-原则化”要求。社区既要为社区居民提供优质服务，还应为帮助社区的政府部门、企业、社会组织等志愿者群体提供基本防控保障。建立信息共享和问责机制，避免发生“信息孤岛”和各自为政现象。各行动主体定期召开工作例会，分享防控信息，加强监督检查，及时发现薄弱环节，对防控工作不到位等情况进行问责，做到信息有沟通、工作有总结、问题有整改、失职有问责。

在公共卫生事件境遇下，引入“半嵌入性合作”，构建社区支持体系、改善组织架构，才能进一步落实基层社区联防联控机制，增强居民对社区的参与感、认同感、归属感，提高居民对社区处理公共卫生事件的工作满意度，形成“社区-社会”共同体意识，助推我国基层社区治理现代化。

参考文献

[1] 广安市人民政府网. 截至 2 月 23 日 24 时：全国确诊感染新型冠状病毒的肺炎病例共计 77 150 例？累计死亡病例 2 592 例[EB/OL].(2020-02-24)[2020-05-01]. http://www.guang-an.gov.cn/gasrmzfw/yqbb/2020-02/24/content_56be2997d63e477eba53e0b1c7de7daf.shtml.

[2] 谈在祥，吴松婷，韩晓平. 美国、日本突发公共卫生事件应急处置体系的借鉴及启示：兼论我国新型冠状病毒肺炎疫情应对[J]. 卫生经济研究，2020，37(3)：11-16.

[3] POLANYI K. The great transformation: the political and economic origins of our time[M]. Boston: Beacon Press，1944.

[4] 兰建平，苗文斌. 嵌入性理论研究综述[J]. 技术经济，2009，28(1)：104-108.

[5] 杨玉波，李备友，李守伟. 嵌入性理论研究综述：基于普遍联系的视角[J]. 山东社会科学，2014(3)：172-176.

[6] 张小劲，李春峰. 地方治理中新型社会组织的生成与意义：以 H 市平安协会为例[J]. 华中师范大学学报(人文社会科学版)，2012，51(4)：37-44.

[7] 张义祯. 嵌入治理机制：一个初步的分析框架[J]. 地方治理研究，2016，18(4)：46-53.

[8] 刘严萍，何继新. 嵌入视角下的应急协同模式：内涵、困境与路径[J]. 天津商业大学学报，2018，38(6)：17-20.

[9] 李瑞昌. 城市治理网络的嵌入机制：以上海市基层应急管理单元为研究个案[J]. 江苏行政学院学报，2008(3)：86-91.

[10] 王名，张雪. 双向嵌入：社会组织参与社区治理自主性的一个分析框架[J]. 南通大学学报(社会科学版)，2019，35(2)：49-57.

[11] 陈树良，史宪睿，李晓梅. 统计软件[M]. 沈阳：东北大学出版社，2014.

[12] 冷向明，张津. 半嵌入性合作：社会组织发展策略的一种新诠释：以 W 市 C 社会组织为例[J]. 华中师范大学学报(人文社会科学版)，2019，58(3)：20-28.

Semi-Embedded Cooperation: Pathways for Community Response to Public Health Events: A Case Study of COVID-19

Mi Ning　Wang Yibao

Abstract: Community is the basic unit of social governance and is becoming a strong fortress in response to emergencies in our country. Taking the novel coronavirus pneumonia (COVID-19) epidemic as an example, understanding residents' satisfaction with the community's epidemic prevention and control work is of great significance for timely finding and improving the weak links in the community's epidemic prevention and control, and giving play to the community's blocking role in epidemic prevention and control. The survey found that the public was less satisfied with the management of materials and the use of transparency and the participation of social enterprises in the prevention and control of the epidemic.

Therefore, the embedding theory can be introduced to carry out "semi-embedded" cooperation among grass-roots governments, enterprises, social organizations and communities. On the basis of doing their own epidemic prevention and control work, all parties can cooperate with communities in epidemic prevention and control publicity, material allocation and utilization, epidemic verification, and personnel participation, so as to open up a new path of community governance to effectively respond to public health events.

Keywords: community; semi-embedded cooperation; public health event

居民邻避设施风险感知的情境影响因素研究

曹　明　赵文秀

摘要：情境因素是邻避事件发生的外在环境和具体场域，其作用不可忽视，是主要的系统控制变量。本文通过文献研究归纳邻避设施风险感知的影响因素，设计调查问卷，选取典型的邻避设施附近居民作为调查对象，共获取243份有效调查样本，并用因子分析方法得到影响居民邻避设施风险感知的主要情境因素。研究认为，居民邻避设施风险感知受到政府治理与沟通、信息媒介、公共意识以及经济利益等四个主要因素的影响，其中政府治理与沟通因素的影响最为显著。因此，政府部门应该完善邻避设施建设的风险沟通及公众参与机制、加强信息传播环境引导与监管、引导居民依法维权以及平衡风险利益补偿，从而有效降低居民风险感知，避免邻避冲突。

关键词：邻避设施；风险感知；情境因素；邻避冲突

在我国工业化、城市化快速推进的同时，工程项目建设引发的邻避问题十分突出。例如，近年来垃圾焚烧发电项目建设引发的邻避冲突不仅影响了社会公共秩序，而且导致了严重的群体性事件。居民判断邻避设施的风险依赖于个人的直觉经验，因而引发邻避冲突的原因往往是居民的风险感知超出了预期。风险感知是客观风险、主观个体因素以及情境因素共同作用的结果。[1]其中，情境因素主要指邻避事件所发生的一系列深层次的外在环境和具体场域，情境因素对风险群体的风险感知和邻避风险链的演化起着潜移默化的作用，且这种作用往往是根本性的。由于客观风险无法避免，而主观个体因素又存在确定性的差异，因此在风险链传递过程中导致居民风险感知波动的不确定主要来自情境因素。从公共管理视角看，研究邻避问题的情境因素对于缓解邻避冲突具有重要的现实意义。

一、文献回顾

风险感知的研究起源于20世纪60年代，早期的研究主要是从心理学方面展开的，研究个体风险感知的心理测量范式。[2-3] Slovic[4]认为，个体风险信息主要由邻避设施主体提供，居民对其信任感越低，则风险感知就会越大，对于正确风险认知的形成就会起阻碍作用。Lober[5]和Greenberg[6]的观点是，风险感知的研究对于反对者心理-行为机制的研究意义重大，个体的风险感知在与收益感知、公平感知、风险容忍、信任感知等其他心理变量共同作用下，决定了对邻避设施的态度。Wright[7]认为，引发邻避冲突的主要因素是民众对于政府的信任水平不高。另外，除心理测量范式外，Douglas[8]揭示了作用于风险感知的社会化文化因素。Wildavsky[9]研究发现，性别、年龄、职业、收入水平、受教育程度等人口统计学特征，会影响民众的邻避态度和行为。Keller等[10]指出，公平是风险接受的主要影响因素，如果风险分配被认为是公平的，人们将更乐意接受风险。Peacock等[11]发现，公众感知到的灾害风险与他们接收到的灾害信息相关。Kasperson等[12]指出，风险沟通和信息交流有助于降低对政府的不信

基金项目：国家社会科学基金项目“新时代居民公共安全感的结构模型建构与影响因素测度研究”(19CGL059)。

作者简介：曹明(1977—)，男，江苏邳州人，中国矿业大学公共管理学院(应急管理学院)副教授，硕士生导师，研究方向为城市公共安全、公共风险治理；赵文秀(1996—)，女，江苏无锡人，中国矿业大学公共管理学院(应急管理学院)硕士研究生，研究方向为公共安全管理。

任、加深对邻避设施优点的理解。

近年来,国内学者对风险感知及治理的研究不断丰富,主要在不同主体风险感知的差异方面展开了研究。王娟等[13]认为,在风险事件中,政府决策者、企业、媒体、公众等不同的社会群体对风险的感知不同,尤其是专家和公众对于风险的感知存在很大差异。黄杰等[14]研究发现,居民、政府官员和核电工程师对核电设施的风险感知不同。谭爽等[15]指出,在不同社会群体的共同作用下,公众形成了对风险可能性、严重性和可控性的认知。此外,国内一些学者对于风险感知的影响因素也展开了探索。黄震等[16]指出,垃圾焚烧发电项目风险感知的主要影响因素有个人利益感知、公共利益感知、对建设单位的信任、对中央政府的信任、自愿程度判断、公平程度判断、对网络的采信度和对官宣的采信度等八个关键因素。刘严萍等[17]认为,对周围居民风险感知的主要影响因素有信任因素、程序公正因素、风险知识因素和情境因素。

综上所述,关于风险感知的相关研究主要集中在心理测量技术、不同主体风险感知差异性以及一般影响因素等方面,缺乏对于邻避设施风险感知情境影响因素的独立研究。相对于客观因素与个体差异,邻避问题中的情境因素更应该是公共管理部门关注的主要方面,是公共政策制定的着力点,是主要的系统控制变量。情境因素众多且关系复杂,本文通过问卷调研、因子分析等方法探索分析影响居民邻避设施风险感知的主要情境因素,并尝试提出缓解邻避冲突的针对性建议。

二、变量选择及测度

(一)变量选择

影响居民邻避设施风险感知的情境因素很多,在综合现有研究文献的基础上,大致可将影响因素初步划分为制度情境、社会情境、经济情境、自然环境、政治法律环境以及文化情境等六个方面。遵循系统性、综合性、科学性的原则,经过反复筛选,调查问卷主要包括16个题项,用李克特量表进行赋值测量设计居民邻避设施风险感知影响因素调查问卷,见表1。

表1 居民邻避设施风险感知影响因素调查问卷

题项	指标
环境评估、审批结果等信息越公开透明,您对垃圾焚烧发电厂的担心越少	Q6
政府征求意见会缓解您对垃圾焚烧发电厂的担忧	Q7
政府积极回应相关诉求会缓解您对垃圾焚烧发电厂的担忧	Q8
政府的应急管理能力越强,您对垃圾焚烧发电厂的担心越少	Q9
政府公信力越强,您对垃圾焚烧发电厂的担心越少	Q10
专家对项目评估越全面、越详细,您对垃圾焚烧发电厂的担心越少	Q11
运营企业的形象越好,您对垃圾焚烧发电厂的担心越少	Q12
媒体的报道会影响您对垃圾焚烧发电厂的担心程度	Q13
社会其他群体或组织的意见会影响您对垃圾焚烧发电厂的担心程度	Q14
参与意识越高就越担心垃圾焚烧发电厂的安全	Q15
环保意识越强就越担心垃圾焚烧发电厂的污染处理	Q16
维权意识越强就越担心垃圾焚烧发电厂的安全	Q17
房地产贬值会加深对垃圾焚烧发电厂的担忧	Q18
政府征地拆迁补偿金额越高,您对垃圾焚烧发电厂的担心越少	Q19
处理污染的生活成本提高会加深对垃圾焚烧发电厂的担忧	Q20
科学技术越先进对垃圾焚烧发电厂的担心越少	Q21

注:Q1~Q5为人口统计学变量。

(二)数据来源及检验

调查对象选择在典型的现有邻避垃圾焚烧厂附近社区居民,接受调查的居民对邻避设施问题有着亲身经历和直接感受。调查共发放了280份问卷,回收有效问卷243份,问卷有效率86.8%,调查结果比较理想。

利用SPSS 21.0软件对问卷进行信度检验,克朗巴赫信度系数为0 .766,问卷整体信度较高;KMO检验系数为0.893,表明样本量充足;Bartlett球形检验近似卡方值为2 263.999,自由度为120,显著性为0.000,适合进行因子分析。

三、情境因素的因子分析

(一)因子提取

采用因子分析获取影响居民邻避设施风险感知的主要情境因素。由于特征值为1的因子分析的初始解中部分变量信息丢失较为严重，因此重新指定提取特征根的标准，选取特征值为0.8的因子提取的结果，见表2。

表2 因子提取结果

解释的总方差									
成分	初始特征值			提取平方和载入			旋转平方和载入		
	合计	方差/%	累积/%	合计	方差/%	累积/%	合计	方差/%	累积/%
1	6.612	41.325	41.325	6.612	41.325	41.325	5.063	31.642	31.642
2	2.691	16.821	58.146	2.691	16.821	58.146	2.572	16.076	47.719
3	1.134	7.090	65.236	1.134	7.090	65.236	2.026	12.660	60.379
4	0.944	5.897	71.133	0.944	5.897	71.133	1.721	10.754	71.133
5	0.739	4.618	75.751	—	—	—	—	—	—
…	…	…	…	…	…	…	…	…	…
16	0.177	1.106	100.000	—	—	—	—	—	—

提取4个公因子，因子一的特征值大小为6.612，解释了原有变量中总方差的41.325%；因子二的特征值大小为2.691，16.821%的变量被因子二解释；因子三和因子四的方差贡献率分别为7.090%和5.897%，4个因子共解释了原有变量的71.133%。

（二）因子解释

通过因子旋转可以更清晰地展示各公因子的影响因素构成，旋转后的因子载荷矩阵结果见表3，16个初始变量可以缩减为4个公因子。

表3 旋转后的因子载荷矩阵结果

变量		成分				变量		成分			
指标	题项概要	1	2	3	4	指标	题项概要	1	2	3	4
*Q*6	环境评估、审批结果信息公开透明	0.770	0.058	−0.060	0.041	*Q*14	社会其他群体或组织的意见	0.331	0.150	0.134	0.837
*Q*7	政府征求意见	0.815	0.045	0.130	0.216	*Q*15	参与意识	0.134	0.832	0.184	0.124
*Q*8	政府积极回应相关诉求	0.847	0.083	0.107	0.191	*Q*16	环保意识	0.175	0.829	0.191	0.101
*Q*9	政府的应急管理能力	0.827	0.169	0.019	0.198	*Q*17	维权意识	0.049	0.881	0.180	0.076
*Q*10	对各级政府的信任	0.816	0.175	0.111	0.098	*Q*18	房地产贬值	−0.091	0.426	0.666	0.077
*Q*11	对评估专家的信任	0.778	0.076	0.099	0.294	*Q*19	政府征地拆迁补偿金额	0.163	0.097	0.809	0.099
*Q*12	对运营企业的信任	0.690	0.004	0.170	0.341	*Q*20	处理污染的生活成本	0.088	0.305	0.669	0.142
*Q*13	媒体的报道	0.391	0.182	0.130	0.784	*Q*21	科学技术	0.549	−0.006	0.508	−0.040

注：*Q*1～*Q*5为人口统计学变量。

因子一：政府治理与沟通因素。

第一个公因子由“信息公开程度”“公众参与程度”“风险沟通力度”“应急管理能力”“对政府的信任”“对评估专家的信任”“对运营企业的信任”等七个变量组成，主要从公共决策机制、危机管理机制以及公众信任三个方面影响居民对邻避设施的风险感知。邻避设施的项目审批、环境评价等相关信息的公开透明程度往往是公众最好的"定心丸",项目建设前、中、后期征求受影响居民的意见,建立良好的风险沟通,及时有效地回应居民的合理诉求是项目建设成功的关键因素。政府的应急管理能力也会影响居民对垃圾焚烧发电厂项目建设的风险感知,政府邻避突发事件、紧急事件的处理能力直接影响着居民对目标项目的担忧程度。公共决策、应急管理中的问题会削弱居民对于政府、专家以及运营企业的信任,进而影响居民对邻避设施的风险感知。

因子二:信息媒介因素。

第二个公因子中"媒体的报道""社会其他群体或组织的意见"两个变量因子载荷较大,主要反映信息传播环境对居民风险感知的影响。居民在了解垃圾焚烧发电厂相关信息的过程中,会受到外界包括大众媒体、网络新媒体以及周围人的影响,从而影响自身对于垃圾焚烧发电厂的风险感知。风险的社会放大效应认为,风险信息对人们的风险判断的影响是一个广泛的心理、社会机制以及文化过程,并进而放大风险的社会影响[18]。个体感知到的风险可能会受其从媒体、亲友或者公共机构中获取的信息影响。

因子三:公共意识因素。

随着社会的发展,公众的参与意识、环保意识和维权意识都有了显著提升,相关诉求不断增加。第三个公因子中因子载荷比较大的主要有"参与意识""环保意识""维权意识"三个变量,这反映了现代公民对公共领域问题的关注程度。居民对社会公平、公共利益以及环境污染等公共性问题的公共意识提升,有助于获得邻避问题的长期社会均衡解。

因子四:经济利益因素。

第四个公因子中因子载荷较高的变量有:"财产价值贬值""政府征地补偿""生活成本""科学技术"。邻避设施项目建设满足了经济社会发展的需要,对社会整体有利,然而整体最优未必局部最优,邻避设施的负外部性风险往往由附近居民承担。若附近居民想主动避免而搬离本地,但由此牵扯的征地补偿金额未必会使居民感到满意。若选择继续在原地生活,邻避设施可能给附近居民带来其他经济利益损失,如受房地产价格影响,额外增加的生活成本,经营收入下降以及潜在的健康损害等。此外,更为先进的科技投入可以在一定程度上降低居民的风险感知。

四、结论及建议

影响居民邻避设施风险感知的情境因素众多,且对邻避风险链的演化起到潜移默化的、根本性的作用,通过对典型邻避设施附近居民的问卷调查获取基础数据,进一步采用因子分析探索影响居民邻避设施风险感知的主要情境因素。研究发现:居民邻避设施风险感知主要受到政府治理与沟通、信息媒介、公共意识以及经济利益等因素的影响,样本数据中四个方面的累计方差贡献量达到71.133%。其中,政府治理与沟通因素对于居民风险感知的影响最为显著,信息媒介因素、公共意识因素、经济利益因素等也起到比较重要的作用。从情境因素入手,缓解邻避冲突的建议如下所述。

首先,政府应完善邻避设施建设的风险沟通及公众参与机制。在风险沟通方面,政府必须进一步完善信息公开制度,发布公开决策的计划、目的等内容,并通过报纸、网络等多种社交媒体传播出去,确保社会公众可以及时、准确地了解到与自身息息相关的有效政策信息。政府不仅要注重提供法律证据与科学数据,更要注重用通俗易懂的语言向公众解释邻避设施的风险水平,让公众抛开邻避情结,认可政府的风险防范措施。同时,政府还应开通信息反馈渠道、构建政府与公众的对话机制,政府需尽可能在第一时间获取公众的反馈意见并对公众的意愿和利益诉求及时做出反应。在公众参与度方面,政府应拓宽公众参与渠道,采用线上沟通与线下沟通相结合的方式,不仅重视被动沟通,更要重视主动沟通。另外,切实增强突发事件的危机沟通能力,增强公众对于政府、媒体、专家的信任,避免"塔西佗陷阱"。

其次,政府应加强信息传播环境引导与监管,优化媒体环境。人们的风险判断往往会通过接收到的信息显著放大。居民主要从媒体和同伴(例如朋友、同事和邻居)或者公共机构中获取信息。因此,满足公众的信息需求并提供及时、准确的支持至关重要。风险信息沟通的主要目的是推动风险信息的有效传播与沟通,应尽快消除或减轻受影响社区公众的担忧。然而目前以新媒体为主的信息传播环境充斥着各种低质量的、虚假的信息，必须依靠法治手段，加大新媒体立法的力度，确保媒体治理有法可依，同时应加强信息的监测和监管，完善信息过滤机制，避免谣言的传播引发公众恐慌。

再次，政府应加强引导居民对邻避设施造成的危害依法维权。公众参与的基础是存在有效的公民利益表达渠道[19]。通过增强对居民的法治宣传教育，引导居民依法维护自身权益，有利于规避邻避风险、减少邻避冲突，进而提升居民生活幸福感和安全感。居民年龄不同，对于信息的接受度也不同。因此，应针对不同的年龄段，以学校、社区等为单位，有针对性地开展多种形式的相关法律知识宣传，效果可能事半功倍。

最后，政府应平衡邻避设施风险利益补偿。风险补偿对于缓解邻避设施风险感知具有基本保障性作用，合理地对居民进行经济利益补偿是解决邻避问题的关键所在，因此需要根据实际情况制定更为合理的补偿标准。平衡利益是化解冲突的根本方法之一，平衡利益需要在考虑诸多因素之后给予充分和多样化的补偿[20]。除此之外，政府还可以通过在邻避设施周围规划公共绿地等间接方式，为附近居民提供更多的公共服务，以达到缓解居民邻避情结、降低风险感知的目的。

参考文献

[1] 侯光辉，王元地．"邻避风险链"：邻避危机演化的一个风险解释框架[J]．公共行政评论，2015，8(1)：4-28.

[2] SOWBY F D. Radiation and other risks[J]. Healthy physics，1965，11(9)：879-887.

[3] STARR C. Social benefit versus technological risk[J]. Science，1969，165(3899)：1232-1238.

[4] SLOVIC P. Perception of risk[J]. Science，1987，236(4799)：280-285.

[5] LOBER D. Why protest? Public behavioral and attitudinal response to siting a waste disposal facility [J]. Policy studies journal，1995，23：499-518.

[6] GREENBERG M R. NIMBY, CLAMP, and the location of new nuclear-related facilities：U. S. national and 11 site-specific surveys[J]. Risk analysis，2009，29(9)：1242-1254.

[7] WRIGHT S A. Citizen information levels and grassroots opposition to new hazardous waste sites：are nimbyists informed? [J]. Waste management，1993，13(3)：253-259.

[8] DOUGLAS M. Risk and culture：an essay on the selection of technological and environmental dangers [M]. Berkeley：University of California Press，1983.

[9] WILDAVSKY A, DAKE K. Theories of risk perception：who fears what and why? [J]. Daedalus，1990，119(4)：41-60.

[10] KELLER L R, SARIN R K. Equity in social risk：some empirical observations[J]. Risk analysis，1988，8(1)：135-146.

[11] PEACOCK W G, BRODY S D, HIGHFIELD W. Hurricane risk perceptions among Florida's single family homeowners [J]. Landscape and urban planning，2004，73(2)：120-135.

[12] KASPERSON R E, GOLDING D, TULER S. Social distrust as a factor in siting hazardous facilities and communicating risks [J]. Journal of social issues，1992，48(4)：161-187.

[13] 王娟，胡志强．专家与公众的风险感知差异[J]．自然辩证法研究，2014，30(1)：49-53.

[14] 黄杰，朱正威，赵巍．风险感知、应对策略与冲突升级：一个群体性事件发生机理的解释框架及运用[J]．复旦学报(社会科学版)，2015，57(1)：134-143.

[15] 谭爽，胡象明．邻避型社会稳定风险中风险认知的预测作用及其调控：以核电站为例[J]．武汉大学学报(哲学社会科学版)，2013，66(5)：75-81.

[16] 黄震，张桂蓉．居民对垃圾焚烧发电项目风险感知的影响因素研究：基于H省J市垃圾焚烧发电项目的实证分析[J]．行政论坛，2019，26(1)：86-92.

[17] 刘严萍，雷佩霖．邻避效应居民风险感知影响因素分析：以大同市二电厂为例[J]．决策探索，2019(9)：63-65.

[18] 刘岩．风险的社会建构：过程机制与放大效应[J]．天津社会科学，2010，1(5)：74-76.

[19] 郑思齐，万广华，孙伟增，等．公众诉求与城市环境治理[J]．管理世界，2013(6)：72-84.

[20] 吴家清，刘亚娟．邻避冲突的化解：基于信任的利益平衡[J]．求是学刊，2018，45(6)：87-94.

Study on Situational Influencing Factors of Residents' Risk Perception of NIMBY Facilities

Cao Ming　Zhao Wenxiu

Abstract: Situational factors are the external environment and specific field of the occurrence of NIMBY events, and their role can not be ignored, and they are the main system control variables. Through literature research, this paper summarized the influencing factors of risk perception of NIMBY facilities, designed a questionnaire, selected typical residents near NIMBY facilities as investigation objects, obtained a total of 243 effective investigation samples, and used factor analysis to obtain the main situational factors affecting the risk perception of residents in NIMBY facilities. According to the study, residents' risk perception of NIMBY facilities is affected by four main factors: government governance and communication, information media, public awareness and economic interests, among which government governance and communication are the most significant factors. Therefore, government departments should improve the risk communication and public participation mechanism for the construction of NIMBY facilities, strengthen the guidance and supervision of information dissemination environment, guide residents to protect their rights according to law, and balance the compensation of risks and benefits, so as to effectively reduce residents' risk perception and avoid NIMBY conflicts.

Keywords: NIMBY facilities; risk perception; situational factors; NIMBY conflict

城市居民公共安全感群体间差异研究

张志惠

摘要：城市公共安全感是"安全感"的外延，可以衡量城市公共安全情况、评价政府公共安全治理成果，也可以从一定程度上反映人们对社会治安的肯定程度，关注一些特殊群体的公共安全感差异，能够反映城市公共安全感的总体状况、社会秩序。据此，本文运用 SPSS 20.0 软件对中国矿业大学公共安全管理智库的调查数据进行分析，研究女性群体、低收入群体、青年群体和不同区域间的公共安全感差异。研究发现，女性群体、低收入群体、青年群体的公共安全感低于男性群体、中高收入群体和老幼年群体，且不同区域间公共安全感也存在差异，特殊群体内因年龄、户口类型等不同，其公共安全感也存在差异。

关键词：公共安全感、女性群体、青年群体、低收入群体

一、引言

安全感、幸福感和满足感紧密联系，幸福感源于对自身安全感和满足感的认知。如今，畅想幸福感就不得忽略公共安全感。改革开放以来，经济发展的同时，社会发展方面面临许多问题，公共安全感问题多次在全国人民代表大会中被提及，逐渐得到政府、社会的重视。国内外学者关于安全感、公共安全感为主题的研究，大多都以整个社会群体或者某个地区为研究对象，缺少以某些特殊群体为研究对象的探索。本文以女性群体、青年群体、低收入群体和不同区域为研究对象，对其公共安全感差异性进行分析。本文通过对特殊群体公共安全感差异性的研究来反映社会总体公共安全状况，期望有助于政府相关部门发现公共安全治理方面存在的不足，解决社会发展面临的相关问题。

二、特殊群体公共安全感的研究现状

本文以女性群体、低收入群体、青年群体和不同区域作为研究对象，针对该类研究对象对国内外学者相关研究进行整理、归纳。在国外，Karakus 等[1]通过研究土耳其某农村地区女性群体发现，年龄增长与女性安全感呈负相关，Little 等[2]认为女性安全感受到受侵害经历、文化教育程度和当地治安水平的影响。

在国内，王智民[3]对我国女性群体安全感进行比较分析，指出女性更为关注社会治安问题，尤其担心个人走夜路时容易受到不法侵犯的问题。汪海彬[4]等通过问卷调查对青年群体的性别、学历、婚育、收入等方面进行比对后认为，城市青年群体的安全感在总体上处于中等水平。卢家银[5]对青年群体的网络安全感进行了专门的调查与研究，并对网络安全感对青年人起到的作用做出了评价。蔡诗琪[6]通过问卷调查，对收集的资料进行统计分析，指出青年公民对网络安全的需求较大，在网络空间中的安全感处于中低水平。吴乐[7]通过对 CSS 2017 数据的研究和分析，指出公众公共安全感和对警察信任程度成正比，农村居民、城镇中心区居民相对于城乡接合部居民对警察具有更高的信任度，即公共安全感更高；张金海[8]通过问卷发放、收集资料的方式指出区域公共安全感在性别、年龄、学历、婚姻状况、居住时间、职业、收入水平上均存在显著差别。

综上，国内针对女性群体公共安全感的研究较少，且时间较久；国外学者近年关于女性群体公

作者简介：张志惠（1996—），女，安徽淮北人，中国矿业大学公共管理学院（应急管理学院）硕士研究生，研究方向为行政管理。

共安全感的研究不断增加，但更多聚焦于农村女性；国内外关于低收入群体、青年群体和不同城市公共安全感的研究较少。因此，借助于相关数据对这几类特殊群体的公共安全感进行差异性分析，具有一定的意义。

三、城市特殊群体公共安全感调查情况

（一）女性群体公共安全感

依据性别对标准化后的城市公共安全感进行方差分析，结果见表1。

表1　性别分组的城市公共安全感方差检验(2019年)

性别	人数/人	比例/%	均值	标准差	方差分析	
					效应项/误差项	显著性
男	5 852	54.17	5.693	1.881	1.293	0.000
女	4 951	45.83	5.294	1.959		

由表1可知，女性群体公共安全感测评得分(5.294)明显低于男性群体公共安全感测评得分(5.693)。方差检验表明，城市居民公共安全感存在显著的性别差异，反映出总体上女性群体对于公共安全的担心程度要高于男性群体，性别上的感受差异符合一般常识。

1. 2017—2019年女性群体公共安全感变化

将2017—2019年的公共安全调查数据中的女性数据挑选出来，进行单独分析，对于九大类安全下设的问题选项运用因子分析法，通过公因子的方差贡献率计算出指标的相对权数。公因子的方差贡献率是该公因子对各变量的全部贡献水平，将方差贡献率作为各个问题的权重，再分别乘以旋转后的公因子得到女性群体安全感指数。假设各类安全感权重一样，简单来说，女性群体公共安全感指数等于各类女性群体安全感指数的算术平均数。2017—2019年女性群体各类安全感指数，见表2。

根据表2可知，2019年女性群体公共安全感指数(0.455 3)高于2018年的女性群体公共安全感指数(0.448 5)，低于2017年的女性群体公共安全感指数(0.471 9)。随着科学技术的不断发展，社会经济不断地进步，人们的生活越来越好，城市女性群体的公共安全感在2017—2019年出现上下波动的现象。以2019年数据来分析，相较于2017年来说，女性群体公共安全感较低，但与2018年相比，呈现上升趋势。2017—2019年女性群体自然安全感、生态安全感和信息安全感等大致不变；三年内安全感指数出现幅度变动较大的是交通安全感指数，由2017年的0.504 5下降到2019年的0.380 1，相较于2017年下降25%左右；三年内女性群体安全感指数不断上升的有公共场所设施安全感和信息安全感。

表2　2017—2019年女性群体各类安全感指数

类别	女性群体安全感指数			均值
	2017年	2018年	2019年	
自然安全感	0.549 2	0.503 8	0.545 5	0.532 8
生态安全感	0.519 1	0.474 9	0.497 8	0.497 3
公共卫生安全感	0.458 5	0.410 0	0.461 9	0.443 5
食品安全感	0.444 6	0.415 6	0.400 8	0.420 3
交通安全感	0.504 5	0.468 0	0.380 1	0.450 7
公共场所设施安全感	0.457 0	0.472 1	0.505 5	0.479 2
社会治安安全感	0.393 2	0.445 1	0.379 8	0.406 0
社会保障安全感	0.530 8	0.454 0	0.500 3	0.495 0
信息安全感	0.390 6	0.393 4	0.425 7	0.403 2
公共安全感	0.471 9	0.448 5	0.455 3	0.458 6

2. 不同年龄段女性群体公共安全感差异

依据年龄对女性群体公共安全感进行比较，结果见表3。在被调查的女性群体当中，根据年龄从小到大分为四个阶段，比较不同年龄段女性群体的公共安全感指数发现：随着女性群体年龄的不断增加，其公共安全感指数不断增加。

表3　不同年龄段女性群体公共安全感指数比较(2019年)

年龄	人数/人	比例/%	均值	公共安全感指数
18～29岁	1 614	27.20	5.553	0.462 2
30～44岁	3 014	50.80	5.664	0.495 4
45～59岁	916	15.44	5.906	0.512 0
60岁以上	389	6.56	5.935	0.543 2

在年龄段较低的女性群体中，大多数人处在学习和事业不稳定时期，融入社会、步入婚姻，会面临未遇到过的困难和挫折，随着女性群体年龄的增加，其社会阅历、处事经验等得以积累，在处理事故、遇到危险的情况下，更能沉着冷静地面

对，与其对应的公共安全感指数也会不断增加。

3. 不同收入程度女性群体公共安全感差异

根据收入程度不同将被调查女性群体分为六类，2 000 元以下收入的女性群体在此次调查中人数较多，占 31.20%，而收入达到 12 000 元以上的女性群体仅占 5.00%左右。根据收入程度划分，排除 12 000 元以上这一个档次，其他五个档次随着收入的上升，女性群体公共安全感指数不断增加。高收入女性群体社会地位较高，收入能够满足自身需要，面对突发状况的保障能力较弱。随着女性群体收入增高，其公共安全感也随之增加。但是，当收入达到一定值以后，女性群体生活水平提高，对生活各方面的要求也随之提高，一旦生活中的安全设施未能满足自己的需求，可能会出现公共安全感低的情况。

（二）低收入群体公共安全感

收入水平对公众的安全感有很大影响，收入水平往往与社会保障普及率成正比关系，对公众的安全预期举足轻重。国内对于收入与安全感之间的研究还很少，李锋[9]指出，良好的收入和职业前景可以给人以安全，社会服务和治安水平的提高给人以生活和生命上的安全，较高的社会保障普及率给人的未来以一定的安全预期。一般而言，低收入群体是指收入低于国家或者省（自治区、直辖市）规定的年收入或者月收入水平的人群[10]。此次被调查对象的工资收入被划分为六个档次，选取 2 000 元以下的被调查对象作为低收入群体。

1. 低收入群体关注的公共安全领域

2017—2019 年低收入群体各类安全感指数，见表 4。由表 4 可知，2017 年、2018 年和 2019 年低收入群体的公共安全感指数分别为 0.448 1、0.456 0和 0.492 9，除自然安全与社会治安安全感指数在 2018 年有小幅度变小以外，其余各类公共安全感指数逐年上升，这说明随着经济社会的发展以及多项措施的出台，低收入群体也得到了一定的保障。

低收入群体的安全感指数之中，较高的是自然安全感、公共场所设施安全感与交通安全感的指数。这与我国政府的自然安全治理能力不断上升、公共设施和消防救援队伍建设不断完善、环境保护措施不断落实密切相关。较低的是信息安全感指数、食品安全感指数和公共卫生安全感指数。信息技术不断革新，公众可获得信息的渠道也越来越多，低收入群体对于各类信息安全的防范意识不足，易被欺骗；受工作性质影响，部分低收入群体在就餐时只能在露天场地，且经济收入使得他们经常光临路边摊，在就餐时食物的质量无法得以保证；低收入群体缺乏疾病的防范意识，同时，医疗费用过高以及社会保障未能渗透，使得低收入群体对于公共卫生的担心程度较高。

表 4　2017—2019 年低收入群体各类安全感指数

类别	低收入群体安全感指数			均值
	2017 年	2018 年	2019 年	
自然安全感	0.521 4	0.511 7	0.564 2	0.532 4
生态安全感	0.442 7	0.463 8	0.516 3	0.474 3
公共卫生安全感	0.444 4	0.446 2	0.474 1	0.454 9
食品安全感	0.413 5	0.424 7	0.449 6	0.429 5
交通安全感	0.462 1	0.466 1	0.499 3	0.475 8
公共场所设施安全感	0.465 4	0.475 7	0.529 3	0.483 9
社会治安安全感	0.457 3	0.456 7	0.490 2	0.468 1
社会保障安全感	0.460 0	0.464 2	0.495 5	0.473 2
信息安全感	0.365 7	0.394 2	0.417 4	0.392 4
公共安全感	0.448 1	0.456 0	0.492 9	0.465 7

2. 不同户口类型的低收入群体公共安全感差异

此次问卷中将户口类型分成了四类，分别是本市城市、本市农村、外市城市以及外市农村。本文通过因子分析法得出各个户口类型的低收入群体公共安全感指数，由高到低依次是本市城市（0.507 1）、外市城市（0. 479 4）、本市农村（0.489 3）、外市农村（0. 472 3），城市户口的低收入群体公共安全感大于农村户口的低收入群体，而无论是城市还是农村，都是本市户口群体的公共安全感更强。就人的需求层次而言，人类最基本的需求是优先满足生存需求，而户口对于一位居民生存于这座城市是十分重要的，它关系到住房稳定性与工作稳定性，也关系到低收入群体的各种社会保险和子女教育等问题。另外，中国是十分传统的人情社会，更讲究团聚，所以无论是本市城市户口群体还是本市农村户口群体，距离亲友更近，能够满足交往的需求，各方面公共安全感要高于常年漂泊在外的外市户口群体。

（三）青年群体公共安全感

青年群体是一个城市的新生力量，是为城市经济和社会发展贡献巨大力量的基石。因此，青年群体公共安全感必定是公共安全感的一个重要组成部分，有着重要的研究意义。多年来，国内关于青年群体公共安全感的研究相对较少。作为一个城市最重要却又被忽视的群体，对他们的公共安全感展开研究更具社会意义。本研究从实际出发，根据问卷类型划分，将青年群体定义为年龄在18～29岁之间的人群。

1. 2017—2019年青年群体公共安全感的变化

通过对2017—2019年青年群体公共安全感的对比，计算出了青年群体的各类安全感指数，并进行了分析。2017—2019年青年群体各类安全感指数，见表5。

表5　2017—2019年青年群体各类安全感指数

类别	青年群体安全感指数			均值
	2017年	2018年	2019年	
自然安全感	0.567 5	0.521 7	0.560 2	0.549 8
生态安全感	0.469 3	0.466 6	0.530 7	0.488 9
公共卫生安全感	0.459 0	0.511 9	0.466 3	0.479 1
食品安全感	0.485 7	0.429 6	0.458 2	0.457 8
交通安全感	0.405 2	0.463 0	0.496 2	0.454 8
公共场所设施安全感	0.361 5	0.476 4	0.514 7	0.450 9
社会治安安全感	0.471 5	0.466 3	0.496 6	0.478 1
社会保障安全感	0.575 8	0.463 4	0.490 8	0.510 0
信息安全感	0.350 8	0.396 2	0.416 9	0.388 0
公共安全感	0.460 7	0.466 1	0.492 3	0.473 0

由表5可以看出，2017—2019年，城市青年群体公共安全感指数不断增加，由2017年的0.460 7增加到2019年的0.492 3；各类安全感都有不同幅度的变动，但信息安全感指数却连续三年与同年的其他安全感相比，都保持在最低水平。青年群体心思单纯，社会阅历较少，面对复杂信息甚至诈骗信息不能加以识别，其信息安全感较低具有一定现实意义。青年群体的自然安全感指数一直都是最高的。一方面，青年群体很少接触到自然灾害事件，即便发生自然灾害，也会由有过经验的人或者专职工作人员及时预防及规避，并不需要青年人过多的担心；另一方面，由于青年人年龄不大，自然灾害发生的概率较小，因此真正经历过巨大自然灾害的青年人并不多，他们在这方面的公共安全感指数更高一些。

2. 不同学历青年群体公共安全感对比分析

将所处小学及以下、初中、高中（含中职、中专）的人群单独划分为低学历青年群体，大学生即本、专科生单独划分为本专科学历青年群体，研究生及以上单独划分为研究生学历青年群体。2019年不同学历青年群体公共安全感对比，见图1。

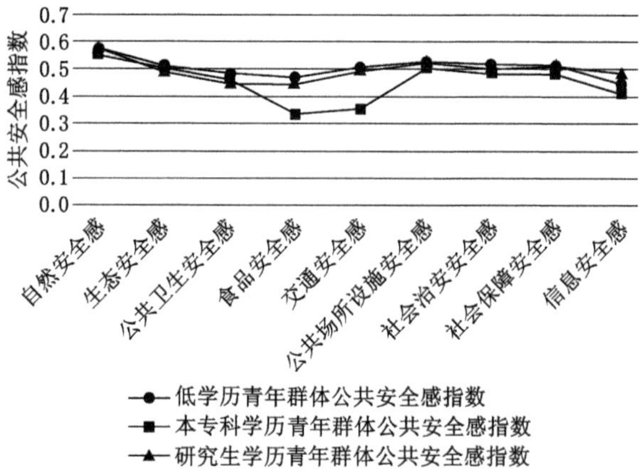

图1　2019年不同学历青年群体公共安全感对比

如图1所示，通过对三个群体之间公共安全感指数的对比得出了以下结论：三个群体的公共安全感指数整体趋势较为一致，但是在食品安全感及交通安全感方面，本专科学历青年群体，公共安全感指数明显大幅低于其他群体。本专科学历青年群体，有更多的时间和精力去进行兼职工作、实习，步入社会，这就需要往返于公司和学校、住处，有更多接触交通的机会，与其他学历青年群体相比，较为关心交通问题，交通安全感会比其他青年群体低。此类青年群体也逐渐将目光由学习向日常的饮食转变，对食物的上心程度自然也会增加。因此，在这两点上，本专科学历青年群体公共安全感与其他两类青年群体公共安全感存在一定的差异，公共安全感指数明显较低。

（四）区域间公共安全感

本研究按区域将我国31个省（区、市）（调查区域未含香港、澳门特别行政区以及台湾地区）划分为东部、中部和西部三个区域，东部区域包括北京市、天津市、石家庄市、沈阳市、上海市、南京市、杭州市、福州市、济南市、广州市和海口市等11个城市；中部区域包括太原市、长春市、哈尔滨市、合肥市、南昌市、郑州市、武汉市、长沙市等8个城市；西部区域包括重庆市、成都市、贵阳市、昆明市、拉萨市、西安市、兰州市、西宁市、银川市、乌鲁木齐市、南宁市、呼和浩特市等12个城市。对不同区域的公共安全感进行研究，得到如下结果。

1. 地域公共安全感差异

将2017—2019年调查数据按照东部、中部、西部三个区域重新分组，进行描述性统计分析，发现2019年西部区域城市公共安全感指数(0.513 1)最高，2018年西部区域城市公共安全感指数(0.454 1)次之，2017年西部区域城市公共安全感指数(0.436 7)最低。三年来，西部城市公共安全感指数波动幅度最大的为交通安全感指数，由2017年的0.355 6到2019年的0.522 5，这充分说明了随着西部道路交通基础设施建设的不断推进与完善以及人民群众交通安全意识的日益巩固，西部区域严峻的道路交通安全形势得到了极大的缓解。

2017年西部区域城市公共安全感指数最低的是交通安全感指数(0.355 6)，2019年西部区域城市公共安全感指数最低的是信息安全感指数(0.452 6)。随着网络技术的不断普及，信息安全问题日益严峻。随着西部区域的不断发展，西部区域的人民得以接触先进的信息技术，但其薄弱的信息安全意识并不足以让他们应对层出不穷的网络诈骗、信息泄露等问题，这给他们的日常生活和财产权益造成了严重的威胁。西部区域人群公共安全感指数中，食品安全感指数三年来亦相对较低。我国西部区域地域辽阔，由于受自然条件、卫生水平、饮食习惯等一系列客观因素的影响，西部区域的食品保障机制建设相对滞后，仍应加强西部区域食品安全的法治和教育建设。

2. 城市间低收入群体公共安全感差异

此次研究引入“城市等级”这一概念，涵盖了按照2019年的城市线级标准划分的一线城市、新一线城市、二线城市以及三线城市。低收入群体的公共安全感在很大程度上依赖于城市环境，城市发展水平越高，低收入群体公共安全感相应也就越强。一线城市之中低收入群体的公共安全感指数最高，三线城市虽然相对落后，但是其低收入群体安全感指数却相对较高。三线城市的低收入群体大都是本地人员，其工作多是基础性的体力劳动，长期稳定的生活环境让他们相对来说更易得到满足，其所关注问题更聚焦于自身生存境况，对非生存必需因素的要求普遍较低。2019年城市等级对低收入群体安全感的影响，见图2。

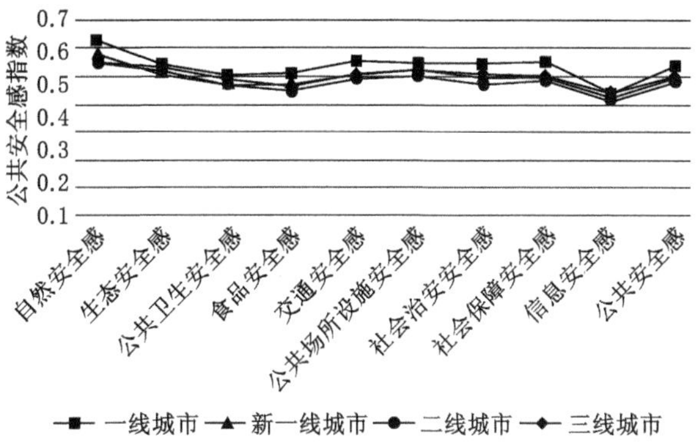

图2　2019年城市等级对低收入群体安全感的影响

四、主要结论

对女性群体公共安全感进行分析得知，城市居民公共安全感存在显著的性别差异，总体上女性群体对于公共安全的担心程度要高于男性群体。通过分析2017—2019年的数据发现，女性群体对自然安全、生态安全和信息安全的安全感大致不变；公共设施安全和信息安全的安全感不断上升，而女性群体公共安全感中不断下降的是交通安全感。同时，通过分析不同年龄段女性群体公共安全感差异发现，女性群体公共安全感与年龄、收入呈正相关。

对低收入群体公共安全感进行研究得知，从2017年到2019年，低收入群体整体公共安全感逐年增加，低收入群体的公共安全感指数之中，较高的是自然安全感指数、公共场所设施安全感指数与交通安全感指数。2017—2019年公共安全感指数中最低的是信息安全感指数、食品安全感指数和公共卫生安全感指数。不同户口类型的低收入群体公共安全感指数不同，城市低收入群体公共安全感指数明显高于农村低收入群体公共安全感指数，来自本市的城市或农村低收入群体公共安全感指数要高于外市流入人口的公共安全感指数。

青年群体公共安全感指数显示，2017—2019年，城市青年群体公共安全感指数不断增加，各类公共安全感都有不同幅度的变动，但信息安全感指数却连续三年与同年的其他公共安全感指数相比，都保持在最低水平。通过对比不同学历的青年群体发现，在食品安全感及交通安全感方面，本专科学历青年群体公共安全感指数明显大幅低于低学历青年群体和研究生学历青年群体的公共安全感指数。

对不同区域间公共安全感进行研究得知，2017—2019 年西部区域城市公共安全感指数逐年上升，西部区域城市公共安全感指数上升最快的为交通安全感指数，2017 年西部区域城市公共安全感指数最低的是交通安全感指数，2019 年西部区域城市公共安全感指数最低的是信息安全感指数。通过对比不同城市间低收入群体公共安全感指数发现，一线城市中低收入群体公共安全感指数最高，三线城市中低收入群体公共安全感指数较高。

参考文献

[1] KARAKUS O, MCGARRELL E, BASIBUYUK O. Fear of crime among citizens of Turkey[J]. Journal of criminal justice, 2010, 38(2): 174-184.

[2] LITTLE J, PANELLI R, KRAACK A. Women's fear of crime: a rural perspective[J]. Journal of rural studies, 2005, 21(2): 151-163.

[3] 王智民. 我国女性群体安全感比较分析[J]. 犯罪与改造研究，1992(1)：49-54，40.

[4] 汪海彬，陈宁，姚本先. 城市青年安全感的调查及启示[J]. 山东青年政治学院学报，2014，30(4)：33-38.

[5] 卢家银. 新时代中国青年的网络安全感研究[J]. 中国青年研究，2018(5)：60-67.

[6] 蔡诗琪. 新时代青年公民的网络安全感及影响因素研究[D]. 成都：电子科技大学，2020.

[7] 吴乐. 居住区域、公共安全感与警察信任的实证研究：基于 CSS 2017 数据的分析[J]. 浙江警察学院学报，2019(5)：61-67.

[8] 张金海. 区域公共安全感指数的构建[D]. 北京：中国人民公安大学，2017.

[9] 李锋. 收入对安全感的影响考证[J]. 统计与决策，2007(11)：88-90.

[10] 潘华. 中国低收入群体增收的影响因素与实现路径研究[J]. 宏观经济研究，2020(9)：130-139.

Study on Inter-Group Difference of Public Security of Urban Residents

Zhang Zhihui

Abstract: Urban public security is the extension of "security", which can measure the urban public security situation, evaluate the government's public security governance results, and also reflect the degree of people's affirmation of social security to a certain extent. Paying attention to the differences in public security of some special groups can reflect the overall situation of urban public security and social order. Therefore, this paper uses SPSS 20.0 software to analyze the survey data of the public security management think tank of China University of Mining and Technology, and studies the differences of public security among female groups, low-income groups, youth groups and different regions. It is found that the public security of female group, low-income group and youth group is lower than that of male group, middle and high income group and old and young group, and the public security of different regions is also different, and the public security of special groups is also different due to different age and household registration type.

Keywords: public security, female group, youth group, low-income group

基于平衡计分卡的城市公共安全绩效管理指标体系构建

蒋雯莉

摘要：当前我国正处于社会转型的重要时期，城市公共安全问题随着经济发展、城镇化进程加快而复杂化，公共安全管理的财政支出逐年增加。对公共安全管理进行绩效评估分析，有利于进一步提升城市的公共安全管理水平和城市公共安全管理的可持续性发展。本文在公共安全绩效管理指标体系构建过程中将层次分析法与平衡计分卡相结合，将政府的使命和战略转变为具体的目标和评测指标，以实现战略和绩效的有机结合，为探寻适应我国公共部门的绩效评估方法体系、提高公共部门服务效率、促进部门发展提供参考。

关键词：公共安全；绩效管理；平衡计分卡

一、引言

城市是构成国家和人类社会的基本单元，城市的公共安全水平影响着国家的整体安全水平。为居民创造良好安全的居住环境、保护居民人身财产安全，是政府的使命所在。尽管在宏观层面上，我国社会整体状况处于稳定和发展状态，但近年来公共安全事故频发且成因复杂，政府的应急管理能力水平不足以应对频发的安全事故。信息化时代对政府的公共安全管理能力提出了新的要求，如灾害预警信息化、沟通信息化、灾害响应及时、信息发布准确、多部门协同治理等。

近十年来，公共安全支出逐年增长，针对公共安全管理支出，学者们构建了一套科学、合理、符合实际需求的绩效管理指标体系。同时，针对资金投入量与其效果需要还应进行及时准确的评估，进而不断优化，提高资金使用效率、提升公共安全服务质量；通过绩效管理，落实基础设施和服务建设，合理调整公共安全财政支出结构，多部门协作，建立完备的灾害预警机制，更好地服务公众。本文利用平衡计分卡的四个维度对城市公共安全绩效管理进行全面的、各有侧重的评估，旨在提高绩效，促进政府治理能力可持续性发展，满足公众需求。

二、文献综述

（一）平衡计分卡在公共部门绩效管理领域中的应用

平衡计分卡（Balanced Score Card，BSC）评估模型是1992年由哈佛商学院的卡普兰和诺顿经过为期一年的时间，对在绩效测评方面处于领先地位的12家企业进行研究总结后提出的，是一种从组织的最终目标出发，回溯、检视和评估组织的方法。作为新兴的绩效管理体系，平衡计分卡从财务、客户、内部流程、学习与成长等四个角度出发，将组织的战略落实为可操作的衡量指标和目标值。所谓“平衡”，是在以下四对关系中保持平衡：长期指标与短期指标之间的平衡、外部计量和内部计量之间的平衡、所求的结果和这些结果的执行动因之间的平衡、主观性测量和客观性测量之间的平衡。

张小玲将评价法、标杆管理法、平衡计分卡用

作者简介：蒋雯莉（1999—），女，重庆人，中国矿业大学公共管理学院（应急管理学院）行政管理专业本科生，研究方向为公共安全管理。

于政府绩效评估，并深入分析这三种方法的评估准则、指标设计特征、评估程序与实施方法，总结了国外政府绩效评估的成功经验，给中国地方政府绩效评估提供了参考路径与策略。[1]颜海娜等以美国夏洛特市和亚特兰大市的公共部门引入平衡计分卡为例，集中阐述如何根据公共部门的背景和特点对平衡计分卡进行适应性调整，对中国地方政府的绩效管理实践提供参考建议。[2]柯洪等通过测量平衡计分卡模型框架，构建轨道交通PPP项目监管绩效，并依据政策文件提出相应的定量或定性测量方法，整合构成轨道交通PPP项目监管绩效测量体系，为政府部门改善监管绩效提出建议。[3]

朱正威等在对平衡计分卡进行适应性改进的基础上，构建了社区公共安全管理绩效评价指标体系，并以西安市为例进行绩效指标评价，得出了相应结论。[4]刘素荣等从公共部门绩效管理的价值分析角度切入，分析了在绩效评价中引入平衡计分卡的可行性及应注意的问题，对公共部门绩效评价的战略要素体系进行构建。[5]王淼以重庆市为研究对象，运用平衡计分卡原理，基于未确知数学理论，设计了城市公共安全持续性管理绩效评估指标体系。通过调查问卷和专家打分，获取相关数据，对重庆市公共安全持续性管理绩效情况进行了综合评估，认为城市公共安全持续性管理绩效评估模型既适用于同一地区不同时期的城市公共安全持续性管理绩效纵向评估，也适用于不同地区同一时期的城市公共安全持续性管理绩效的横向比较。[6]

夏谦谦将企业绩效评估中使用平衡计分卡的4个子系统：财务状况、顾客服务、内部经营过程、学习和成长等修改为管理成本、管理达标、管理流程、管理部门学习与发展，并将以财务状况为首位的系统结构，修正为以管理达标为首位的流程结构，使其适用于我国行政管理部门的绩效评估。[7]

（二）城市公共安全管理研究

随着社会的进步和市场经济的发展，城市人口急剧增长，城市职能发生变化，从早期以简单服务职能为主的城市，到以工业生产职能为主的城市的蜕变，再到现代以综合工业、交通、商贸、文化服务等职能为主的城市演变与完善，城市中不安全因素不断增多，致灾和成灾因子不断变化。赵运林等详细介绍了城市安全与城市系统、城市资源安全、信息安全、金融安全、资产安全、文化安全以及城市安全应急系统、城市安全评价与规划等内容，初步介绍了城市安全理念与意识的形成。[8]

张骎建构了一个公共安全支出与社会稳定关系的分析框架，通过对1992年至2014年我国公共安全财政支出与社会违法犯罪案件数据的整理，采用EG协整分析的方法，对公共安全支出与社会稳定之间的关系进行了实证检验。结果表明，社会稳定状况是公共安全支出投入的原因，公共安全支出有利于提升公共安全绩效水平。[9]

李彤从城市公共安全风险管理系统的研究出发，结合城市公共安全管理的特点，针对城市工业危险源、公共场所、公共设施、公共卫生、自然灾害、生态环境、恐怖袭击等存在的风险，探讨了各风险的特点；提出风险管理的步骤和原则；强调我国已进入风险社会和加强城市公共安全风险管理的重要性；指出我国城市公共安全风险管理存在的问题，同时通过对美、英、日、俄等国家风险管理的经验分析，就我国城市公共安全风险管理现状，提出具体对策并构建了城市公共安全风险管理的基本框架，指出建立完善的城市公共安全管理体系是做好城市公共安全风险管理的有效办法。[10]

王晓东等综合运用文献研究法、德尔菲法、专题小组讨论筛选等方法，构建了突发公共卫生事件应急能力评价指标体系，涵盖突发事件应急能力的各个方面，具有较强的适用性。[11]

丁姿等提出一个公共安全服务混合供给机制研究的理论和实证分析框架，从“权利产权”和“关系产权”双元视角切入，以公共安全服务为研究对象，分析公共安全服务混合供给中“公”和“私”的边界测度、形成机理及动态绩效评价相关问题，完善了我国公共安全服务混合供给的理论和实践研究。[12]

梁艺静认为，目前我国城市公共安全的应急管理中，基础设施薄弱、城市公共安全信息不对称、相关预测预警机制不完善等问题频现。要解决上述问题，就要从多方面入手加强基础设施建设，落实应急管理的信息工作以及建立健全预测预警机制等。[13]范维澄等分析了城市公共安全体系的三角形模型，认为城市管理应综合考虑突发事件、承灾载体和应急管理三个方面，从而实现科学有效的城市公共安全保障。[14]

（三）政府绩效管理评估研究

绩效一词原意是指表现和成绩。随着经济社会的发展，绩效的范围拓展到对资源的合理、高效运用上，涉及绩效的因素复杂多样。公共安全内容繁杂，公共安全问题或事故的表现形式各不相同，一旦发生，其影响较为广泛、深刻，会造成居民权益受损、城市发展机会丧失，城市发展空间受限，损害经济利益等。

綦小广认为，政府部门在绩效评估中需要引进战略管理，树立地方政府绩效科学评估的理念，运用平衡计分卡建立科学的绩效评估指标体系，运用系统思维建立健全绩效评估信息系统，借助SWOT分析合理选用绩效评估工具，对政府绩效评估方法进行改进，推进政府绩效评估方法的创新和发展。[15]

薛菁介绍了基于标杆管理法的政府管理绩效评估的特点，并详细分析了标杆管理法在政府管理绩效评估实践中的具体应用。[16]田五星等在剖析当前公共部门绩效管理现状和对比关键绩效指标(KPI)、目标与关键成果法(OKR)绩效管理模式异同与优劣的基础上，结合大数据时代特点探讨了公共部门绩效管理模式的创新方向，为公共部门绩效管理路径与效果的提升提供了参考。[17]刘华云等将可拓评价法应用于公共部门绩效评估中，探讨其适用性和应用条件，并以深圳市公共服务质量评价为例，全面呈现了可拓评价法的具体操作方法和操作流程，丰富了公共部门绩效评估的方法。[18]

三、公共安全管理绩效管理指标构建

（一）层次分析法

美国运筹学家萨蒂于20世纪70年代提出了著名的层次分析法。该方法是将与决策有关的元素分解成目标、准则、方案等层次，并在此基础上进行定性和定量分析的一种决策方法，具有系统、灵活、简洁的优点。它将抽象、复杂的问题条理化、具体化，构建成一个有层次的结构模型。层次分析法具有很强的科学性和条理性，提高了决策的有效性。它通过建立递阶层次结构模型，构造出各层次中的所有判断矩阵并进行层次单排序及一致性检验，互相比较、综合考虑，使公共部门在公共安全管理中得出更有效、更科学的决策。

层次分析法的具体步骤如下：

(1) 建立递阶层次结构模型。将抽象问题层次化，构建出一个有层次的模型：最高层（宏观层）、中间层（中观层）、最底层（微观层）。递阶层次结构中的层次数与问题的复杂程度和需要分析的详尽程度有关。某一层次的元素支配并作为下一层次元素的准则，而自身受其上一层次元素的支配。

(2) 构造出各层次中的所有判断矩阵。建立递进层次结构的目的是确定上下层次之间元素的隶属关系。但各元素在目标衡量中所占比重并不一定相同。在决策者心目中，各项指标占有一定的比例。若上一层次元素 C_k，对下一层次元素 $A_1, A_2, \cdots, A_n$ 有支配关系，则可以通过层次分析法在准则 C_k 之下按照 $A_1, A_2, \cdots, A_n$ 相对重要性给出相应权重。这一步中，要在准则 C_k 之下，反复地权衡 A_i 与 A_j 各自的重要性，并给出模糊的判断。

(3) 由判断矩阵计算单一准则下元素的相对权重。这一步主要解决 n 个元素 $A_1, A_2, \cdots, A_n$ 排序权重的计算问题，同时对结果进行一致性检验。

(4) 计算各层次元素的组合权重。要得到每个元素相对于总目标的相对权重，必须将第三步的结果进行整合，并进行总的判断一致性检验。运算过程自上而下逐层进行，最终得出低层次元素的相对权重和通过整个递阶层次模型判断的一致性检验。[19]

（二）平衡计分卡

平衡计分卡的核心思想是通过客户、内部流程、财务、学习与成长等四个维度相互驱动的因果关系来表现组织的战略目标，从而实现组织的绩效考核、战略实施与改进。值得注意的是，不能直接将平衡计分卡用于城市公共安全管理绩效评估，原因如下所述。

(1) 城市公共安全管理是一种非营利性质的行为，城市公共安全管理服务对象是社会公众，遵循以人为本的原则。应对公共安全事件，需要在法治环境中高效决策、迅速响应，调配资源以提高救灾效率。对于公共部门绩效评价而言，绩效指标体系的设计也强调平衡、统筹的理念，要考虑部门的短期政绩与长远政绩、竞争与协作、公平与效率、发展与稳定等之间的平衡。

(2) 公共安全绩效难以评估。公共部门组织运作的范围广，目标、活动以及产出复杂多样且难以量化，要以平衡计分卡为原则构建一套简洁易行的、能够涵盖所有战略目标的关键绩效指标非常困难。与私人部门组织相比，公共部门的绩效通常不容易衡量，关键绩效指标的构建对于公共部门组织当然是更高的要求。[20]企业有明确且成熟的激励手段，员工创造的商业收益与奖赏成正比，公共部门的公共性质使其缺乏明确的绩效评估方式，强调公平高于效益，约束了公共部门在提供公共物品时的激励手段。

(3) 公共安全投入的财务核算不受市场约束与检验，但也不是完全由政府垫付，行政成本与收入之间的逻辑关系与企业商业行为完全不同，也缺乏如亏损底线等的硬性约束。财务维度给私人部门提供了清晰的长期目标，但它在非营利组织中更应该被认为是一个约束因素，因为非营利组织绩效管理体系的主要目标更应该放在组织如何履行自身的使命上。因此，虽然非营利组织必须监控它们的支出以及遵守财务预算，但其成功不能通过组织如何保持预算金额或抑制预算开支来衡量。[21]

综上所述，在城市公共安全管理中引入平衡计分卡时，为更好地适应于城市公共安全管理，应对相应指标进行调整。尽管平衡计分卡最初服务于营利性组织，但对其进行合适的重组，将客户或选民放在模型顶端，并应用于公共部门，可以发挥双重作用，既能用于测量绩效也能增强民主责任。[22]因此，本文将平衡计分卡的客户维度调整为公众感知维度，其余三个维度分别为财务、内部流程、学习与成长。

(1) 公众感知。城市公共安全管理的根本目的是保障公众利益，以满足大众需求。为城市居民提供高质量的公共服务是政府的使命所在，因此使命在平衡计分卡设计原则中应处于顶层地位。在绩效评估中引入以公众为主体导向的指标，并设置 49%的权重比例。在公众感知维度下设计了 4 个二级指标：居民安全感(12%)、公众认知(7%)、基础设施和服务(12%)、灾害频度(18%)，16 个三级指标：城市公共秩序(4%)、公众认可度(2%)、公众知情度(2%)、公众参与度(4%)、灾害风险认知(2.5%)、防灾教育认知(1.5%)、防灾行动认知(2%)、防灾投入认知(1.0%)、救灾储备(4.2%)、救灾制度与应急法规建设(2%)、救灾装备配备(2.7%)、防救灾效果(3.1%)、自然灾害发生频度(4%)、事故灾难(生产安全事故)发生频度(3%)、公共卫生事件发生频度(5%)、社会安全事件发生频度(6%)。

(2) 财务。在财务维度下，公共安全支出作为中央与地方的主要财政支出项目，在进行公共安全管理绩效评估中，并不能作为部门是否完成其使命的衡量标准，但是财务支出，即公共安全支出是提供优质、充足的公共安全资源的重要保障，也是上述三个维度展开的支撑。财务结果并不能代表公共部门组织的“底线”，虽然财务维度很重要，但顾客维度在政府中更加重要。把财务维度放在平衡计分卡的顶端会发出错误的信息。公共部门组织的资金来自市民或纳税者，因此提供服务以满足市民或顾客的需要更加重要。[17]财务维度下设置了 2 个二级指标：公共安全预算(6%)、公共安全支出绩效(9%)，4 个三级指标：预算执行率(2.5%)、预算外经费比例(2%)、财政资金增长率(1.5%)、单位支出产生效果(9%)。

(3) 内部流程。在商业管理中，满足顾客需求、实现利润创收，离不开组织内部完善的经营管理流程。而城市公共安全管理则不同，内部流程是履行城市公共安全管理的核心过程，也是改进管理绩效的重要环节。在公共安全事件中，信息发布、沟通、技术应用既影响着信息传递的真实性和有效性，也影响着应对公共安全事件的管理决策和公共安全管理效率。因此，在内部流程维度中设计了 3 个二级指标：信息安全(10%)、组织管理(5%)、过程管理(6%)，10 个三级指标：信息发布准确性(5%)、信息沟通有效性(2%)、信息技术应用与更新(3%)、公共安全相关部门人员权责与分工(1.8%)、工作流程规范性(1.3%)、组织机构协调性(1.9%)、灾害预警能力(2.5%)、灾害响应能力(1.5%)、突发事件应急能力(1%)、多方协同能力(1%)。

(4) 学习与成长。公共安全事件发生频率高且种类繁多，政府的管理水平应不断提高。在信息化社会背景下，政府部门的信息化管理水平应相应提高。通过不断创新、教育培训，城市公共安全管理水平不断更新，与时俱进。教育培训指标反映了政府学习和演练的能力，创新决定了政府的公共安全管理能力能否持续性提升，能否从工作流程、工作技能和技术革新3个方面提高公共安全管理能力。所以在学习与成长维度设计了2个二级指标：教育培训（10%）、创新（5%），7个三级指标：应急理论学习（1.2%）、应急仿真训练（1.7%）、应急技能培训（3.4%）、应急实战操作（3.7%）、工作流程改进（1.8%）、应急技能改进（1.3%）、应急技术革新（1.9%）。

（三）城市公共安全管理绩效指标构建

1. 构建原则

城市公共安全绩效管理指标构建基于政府的使命，即服务于社会公众，和平衡计分卡的四个维度，即公众感知、财务、内部流程、学习与成长。四个维度相互驱动，表现组织的战略目标、实现组织的绩效考核，具有可持续性。随着社会的发展，平衡计分卡的一级指标下的二级指标、三级指标可相应修改，更好地适应社会发展。

2. 构建方法

利用层次分析法、平衡计分卡构建绩效指标体系，建立递阶层次结构模型、构造出各层次中的所有判断矩阵、设置对应指标权重。城市公共安全管理绩效指标体系构建，见表1。

表1　城市公共安全管理绩效指标体系构建

平衡计分卡四维度		二级指标（权重比例）		三级指标（权重比例）	
Y1	公众感知（49%）	X1	居民安全感（12%）	I1	城市公共秩序（4%）
				I2	公众认可度（2%）
				I3	公众知情度（2%）
				I4	公众参与度（4%）
		X2	公众认知（7%）	I5	灾害风险认知（2.5%）
				I6	防灾教育认知（1.5%）
				I7	防灾行动认知（2%）
				I8	防灾投入认知（1.0%）
		X3	基础设施和服务（12%）	I9	救灾储备（4.2%）
				I10	救灾制度与应急法规建设（2%）
				I11	救灾装备配备（2.7%）
				I12	防救灾效果（3.1%）
		X4	灾害频度（18%）	I13	自然灾害发生频度（4%）
				I14	事故灾难（生产安全事故）发生频度（3%）
				I15	公共卫生事件发生频度（5%）
				I16	社会安全事件发生频度（6%）
Y2	财务（15%）	X5	公共安全预算（6%）	I17	预算执行率（2.5%）
				I18	预算外经费比例（2%）
				I19	财政资金增长率（1.5%）
		X6	公共安全支出绩效（9%）	I20	单位支出产生效果（9%）
Y3	内部流程（21%）	X7	信息安全（10%）	I21	信息发布准确性（5%）
				I22	信息沟通有效性（2%）
				I23	信息技术应用与更新（3%）
		X8	组织管理（5%）	I24	公共安全相关部门人员权责与分工（1.8%）
				I25	工作流程规范性（1.3%）
				I26	组织机构协调性（1.9%）

表 1（续）

平衡计分卡四维度		二级指标(权重比例)		三级指标(权重比例)	
Y3	内部流程(21%)	X9	过程管理(6%)	I27	灾害预警能力(2.5%)
				I28	灾害响应能力(1.5%)
				I29	突发事件应急能力(1%)
				I30	多方协同能力(1%)
Y4	学习与成长(15%)	X10	教育培训(10%)	I31	应急理论学习(1.2%)
				I32	应急仿真训练(1.7%)
				I33	应急技能培训(3.4%)
				I34	应急实战操作(3.7%)
		X11	创新(5%)	I35	工作流程改进(1.8%)
				I36	应急技能改进(1.3%)
				I37	应急技术革新(1.9%)

四、结论及展望

社会稳定是经济发展的前提和基础，公共安全支出促进公共安全绩效水平提升。在应对各类城市公共安全事件中，政府发挥着主导作用。因此，需要科学地评估政府对城市公共安全的绩效管理能力，并不断进行合理的改进，以提升政府的管理水平，促进城市公共安全发展。

本文运用层次分析法、平衡计分卡对城市公共安全绩效管理进行评估指标体系的构建，共构建了 11 个二级指标和 37 个三级指标。城市公共安全管理绩效管理指标体系实现了财务指标与非财务指标、内部指标与外部指标、短期指标与长期指标之间的平衡。但本文仍有许多不足，如所用层次分析法存在缺陷：数据源于人的主观判断，虽然通过判断矩阵的综合运算已将该主观成分缩小，但是若每个样本的数据偏好程度相同，使用层次分析法得出的结论将与实际情况相差较大，甚至可能会导致决策者判断失误，在实行过程中造成更大的经济损失。此外，本文对绩效指标体系的构建仅处于理论阶段，是否适用于政府公共安全管理仍待进一步考证。

参考文献

[1] 张小玲.国外政府绩效评估方法比较研究[J].软科学，2004，18(5)：1-4.

[2] 颜海娜，鄞益奋.平衡计分卡在美国公共部门的应用及启示[J].中国行政管理，2014(8)：120-124.

[3] 柯洪，韦可.基于 BSC 的轨道交通 PPP 项目监管绩效测量体系研究[J].建筑经济，2019，40(9)：33-38.

[4] 朱正威，吕书鹏.城市社区公共安全管理绩效评价研究[J].西安交通大学学报(社会科学版)，2011，31(6)：58-62.

[5] 刘素荣，李玉萍.平衡记分卡在公共部门绩效评价中的应用[J].商业会计，2009(14)：44-45.

[6] 王森. 城市公共安全持续性管理绩效评估[D].重庆：重庆大学，2015.

[7] 夏谦谦.平衡记分卡在我国行政管理绩效评估中的修正[J].武汉理工大学学报，2006，28(1)：138-140.

[8] 赵运林，黄璜.城市安全学[M].长沙：湖南科学技术出版社，2010.

[9] 张骎.公共安全支出与社会稳定关系的实证研究[J].中国公共安全(学术版)，2018(3)：1-4.

[10] 李彤.论城市公共安全的风险管理[J].中国安全科学学报，2008，18(3)：65-72.

[11] 王晓东，吴群红，郝艳华，等.突发公共卫生事件应急能力评价指标体系构建研究[J].中国卫生经济，2013，32(6)：47-50.

[12] 丁姿，李辉，唐娜.双元产权视角下公共安全服务混合供给的边界测度及动态绩效评估[J].江苏师范大学学报(哲学社会科学版)，2019，45(3)：88-96，124.

[13] 梁艺静.我国城市公共安全应急管理存在的问题与对策[J].中国管理信息化，2019，22(17)：209-210.

[14] 范维澄.刘奕.城市公共安全体系架构分析[J].城市管理与科技，2009，11(5)：38-42.

[15] 綦小广.战略管理：政府绩效评估方法改进的新途径[J].理论界，2007(7)：236-237.

[16] 薛菁.浅析标杆管理法在政府绩效评估中的应用[J].辽宁行政学院学报，2007，9(7)：10-11.

[17] 田五星，王海凤.大数据时代的公共部门绩效管理模

式创新:基于 KPI 与 OKR 比较的启示与借鉴[J]. 经济体制改革,2017(3):17-23.

[18] 刘华云,耿旭. 基于可拓评价法的公共部门绩效评估:适用性、主要步骤及应用[J]. 系统科学学报,2020,28(1):88-92.

[19] 邓雪,李家铭,曾浩健,等. 层次分析法权重计算方法分析及其应用研究[J]. 数学的实践与认识,2012,42(7):93-100.

[20] EDWARDS D,THOMAS J C. Developing a municipal performance-measurement system: reflections on the Atlanta dashboard[J]. Public administration review, 2005,65(3):369-376.

[21] KAPLAN R S,NORTON D P. Having trouble with your strategy? Then map it[J]. Harvard business review, 2000,78(5):167-176,202.

[22] ROBERT S K,David P N. Transforming the balanced scorecard from performance measurement to strategic management: part I[J]. Accounting horizons,2001,15(1):87-104.

Construction of Urban Public Safety Performance Management Index System Based on Balanced Score card

Jiang Wenli

Abstract: At present, our country is in an important period of social transformation, urban public security issues with economic development, urbanization process accelerated and complex, public security management financial expenditure increases year by year. The performance evaluation analysis of public safety management is conducive to further improving the level of urban public safety management and the sustainable development of urban public safety management. In this paper, the analytic hierarchy process is combined with the balanced score card in the construction of the public safety performance management index system, and the government′s mission and strategy are transformed into specific goals and evaluation indicators, so as to realize the organic combination of strategy and performance, and provide references for exploring the performance evaluation method system suitable for China′s public sector, improving the service efficiency of the public sector, and promoting the development of the sector.

Keywords: public safety; performance management; balanced score card

基于韧性视角的公共卫生突发事件下社区应急响应能力影响因素研究
——以新冠肺炎疫情事件为例

张 燕 王义保

摘要：为了探究公共卫生突发事件下社区应急响应能力的影响因素，以及这些影响因素之间的相互关联，本文以新冠肺炎疫情事件为例，基于韧性视角，构建了新冠肺炎疫情事件下社区应急响应能力的理论模型，并运用结构方程模型对疫情下社区应急响应能力的影响因素进行了实证分析。研究发现，社区的资源保障能力、组织指挥体系和应急准备能力通过中间变量应急处置能力对社区应急响应能力产生正向影响，而应急处置能力、应急协同能力对社区应急响应水平具有显著正向影响。基于上述研究发现，结合韧性社区理论，本文从应急协同、应急处置和监测预警方面提出了有利于提高公共卫生突发事件下社区应急响应能力的建议。

关键词：韧性；社区；应急响应；结构方程模型；公共卫生

一、引言

2000年11月3日，《民政部关于在全国推进城市社区建设的意见》指出，社区是指聚居在一定地域范围内的人们所组成的社会生活共同体，是居民生活的基本单位，也是承受和抵御灾害风险的基础单元。提高公共卫生突发事件下的社区应急响应能力对于维护社会稳定，减少灾害损失具有重要意义。2019年年底暴发的新冠肺炎疫情事件，由于其发生突然、传播速度较快，造成了我国较大规模的人员感染。城乡社区是此次新冠肺炎疫情防控中的第一道防线，疫情发生以来，社区通过人员排查、流动管控和测温消杀等工作，积极抵御、缓解灾害冲击，起到了较好的防控效果。然而，在外部风险扰动下，社区脆弱性也随之显现和暴露出来，不少社区在疫情防控工作中采取"一刀切"式防控策略，未能灵活应对风险冲击、实现对复杂多元风险的适应性治理。这种现象实质上是社区公共卫生应急治理缺乏韧性的表现。

"韧性"一词是从自然科学扩展到社会科学的。"韧性"最初来自物理学领域，用来形容物体受到压力之后能够迅速弹回并恢复原状的一种能力。1973年，生态学家霍林首次将"韧性"引入生态学领域，用来形容自然系统在外在环境干扰下仍然能够保持稳定状态，注重强调系统所具有的恢复力特征。[1]在此之后，韧性逐渐被社会学家引入社会科学领域，除了原有的恢复力内涵外，更加注重强调系统对外在风险变化的主动适应能力和创新发展能力。21世纪初，随着社会经济的高速发展，人类面临的不确定性风险隐患增多，世界上很多国家开始将"韧性"理念应用于灾害风险防范实践中（主要在城市和社区两个层面上开展实践），"韧性城市"和"韧性社区"建设逐渐得到重视和推广。2002年，在联合国可持续发展全球峰会上，"韧性"的概念首次被引入城市风险治理领域。[2]在2006年的第二次世界减灾大会上，联合国提出题为《2005—2015年兵库行动框架：提高国家

作者简介：张燕（1996—），女，山西吕梁人，中国矿业大学城市公共安全管理智库助理，研究方向为公共安全与应急管理；王义保（1974—），男，江苏丰县人，中国矿业大学公共管理学院（应急管理学院）教授、博士生导师，研究方向为公共安全与应急管理。

和社区适应灾害的韧性》的减灾行动纲领，将“韧性社区”在国际灾害管理工作中的地位提升到一个新的高度。[3] 构建有韧性的城市和人类居住区成为联合国 2030 年可持续发展议题的重要目标之一。

韧性社区是以社区共同行动为基础，能链接内外资源、有效抵御灾害与风险，并从有害影响中恢复，能够保持可持续发展的能动社区。[4] 韧性视角下的社区建设强调社区应对突发事件时的稳定性、恢复性和适应性，有利于从动态发展的角度提升社区应对灾害的能力和水平，以谋求社区长期发展的可持续性，夯实社会安全防控网络的“最后一公里”。

本文首先基于韧性视角对突发事件下的社区应急响应能力进行研究，以韧性社区理论为基础，构建突发事件下的社区应急响应能力指标体系，并据此设计调查问卷；其次通过网络调查收集数据，运用结构方程模型探讨研究有效影响社区应急响应水平的关键要素以及这些影响要素之间的相关关系；最后针对模型研究结果，提出基于韧性理论的公共卫生突发事件下社区应急响应能力的提升策略与建议。

二、研究现状

近年来，国内学者积极开展关于社区应急能力的相关研究。早期学者将研究重点放在从不同方式和角度对社区应急能力评价指标的构建上。陈文涛等运用网络层次分析法构建了化工型社区事故应急能力评价指标体系。[5] 霍玉蓉等从公众风险感知的角度构建了社区应急响应能力指标体系，探索了社区应急响应过程的作用机理，为研究社区应急响应能力评估提供了理论依据。[6]

随着韧性概念在不同研究领域的拓展应用，近年来众多学者开始借鉴国外韧性社区的理论实践，并结合国情对我国韧性社区的建设路径进行了积极探讨。廖茂林等在分析国内外韧性社区实践和研究的基础上，认为韧性社区应该包含两层含义，一是韧性社区能够主动适应处在压力下或者变化中的环境，二是韧性社区有能力对将来发生类似的冲击和精细的可能性进行预测和准备，从而以创造性的方式从根本上改变社区。[7] 彭翀等在对国外社区韧性的理论与实践进行述评的基础上，将社区韧性归纳为能力、过程和目标的集合，并对提升韧性社区的灾害应对能力策略进行讨论，为我国未来韧性社区的评估和提升提供了参考。[8] 吴晓林等从要素整合与双向构建的角度提出了城市公共安全基础上的韧性社区建设新路径，为探索韧性社区的减灾防灾建设指明了新的方向。[9]

综上所述，国内对于韧性视角下的社区应急能力研究大多停留在对国外韧性社区建设的经验总结或者指标构建上，很少对影响韧性社区应急能力的关键要素展开分析与研究。因此，本文试图从韧性视角出发，构建公共卫生突发事件下社区应急响应能力的结构方程模型，探讨在公共卫生突发事件的情景下，韧性社区应急响应能力的影响因素并揭示这些影响因素之间的相关关系，从而为提升突发事件下的社区应急响应能力提供依据，明晰韧性社区应急响应能力建设的方向。

三、模型构建

（一）问卷设计

根据韧性理论，社区在面对突发事件带来的压力与风险时，能够采取有效策略积极主动地适应环境并快速恢复，在动态发展中不断提升自身的灾害应对能力。

以韧性社区理论为基础，本文在选取社区应急响应能力指标时注重考虑社区在采取疫情防控工作的稳定恢复能力、外部协同能力和主动适应能力。结合黄晓燕等提出的“体系建设、应急队伍、装备储备、培训演练、宣传科研、监测预警、应急处置、善后评估”等 8 个公共卫生突发事件应急能力指标[10]，根据城乡社区的疫情防控实践，本文进一步提炼整合为 8 个社区应急响应能力一级指标，分别为资源保障能力、应急协同能力、监测预警能力、应急准备能力、社区居民意识、应急处置能力、应急响应水平、组织指挥体系，并据此细化为 24 个二级指标。本文根据李克特量表对这 24 个二级指标对应的 24 个测量题项设立“非常不同意、不同意、一般、同意、非常同意”等 5 个等级，并分别对应 1 分至 5 分。新冠肺炎疫情事件下社区应急响应能力指标体系，见表 1。

表 1　新冠肺炎疫情事件下社区应急响应能力指标体系

一级指标	二级指标
资源保障能力	应急物资保障 应急人员保障 设施(机构)保障
应急协同能力	信息交流情况 人员合作情况 全员参与意识
监测预警能力	信息发布情况 宣传预警情况 监测报告情况
应急准备能力	卫生防护政策制定情况 应急培训开展情况 应急知识宣传情况
社区居民意识	卫生防护意识 日常卫生习惯 卫生物资储备
应急处置能力	应急处理的及时性 值班值守情况 预防控制措施
应急响应水平	社区工作的及时性 措施的全面有效性 工作人员的态度能力
组织指挥体系	应急管理机构情况 应急管理规章制度 应急工作指挥情况

（二）建立模型

根据上述指标体系，本文构建了突发事件下社区应急响应能力的理论模型。依据该初始结构方程模型(图 1)，本文提出如下假设：

*H*1、*H*2、*H*3 分别表示应急准备能力、组织指挥体系、资源保障能力对应急处置能力的正向影响作用。

*H*4、*H*5、*H*6 分别表示应急协同能力、社区居民意识、监测预警能力对应急响应水平的正向影响作用。

*H*7 表示应急处置能力对应急响应水平的正向影响作用。

*H*8、*H*9、*H*10、*H*11、*H*12、*H*13、*H*14 分别表示应急准备能力与组织指挥体系显著相关、应急准备能力和社区居民意识显著相关、组织指挥体系和应急协同能力显著相关、资源保障能力和应急协同能力显著相关、资源保障能力和监测预警能力显著相关、应急协同能力和社区居民意识显著相关、应急协同能力和监测预警能力显著相关。

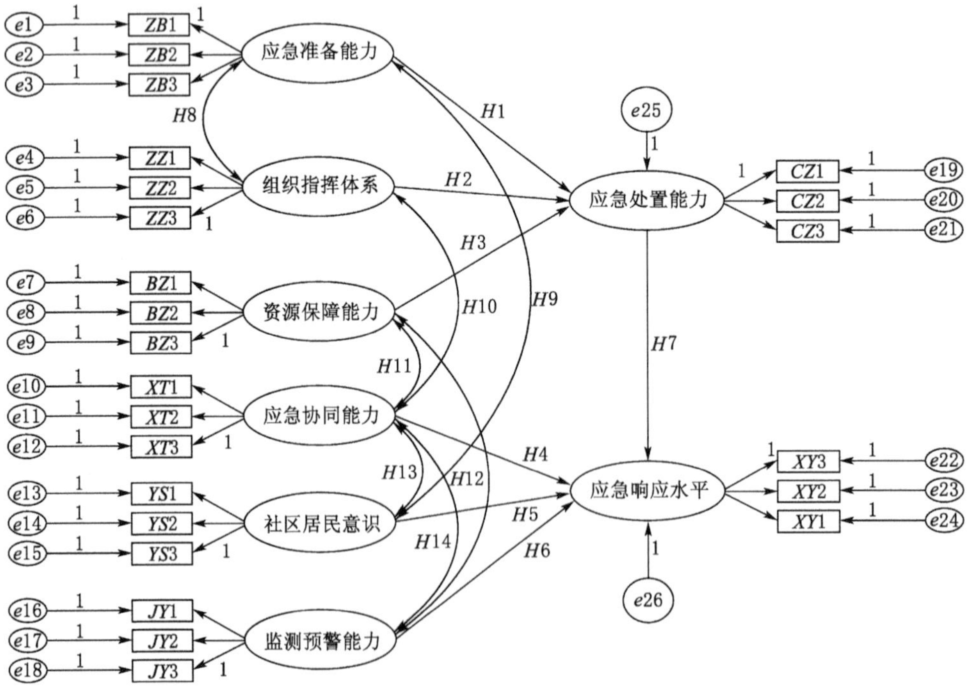

图 1　初始结构方程模型

四、实证分析

(一)数据收集

通过问卷平台制作问卷后在不同年龄段、不同居住地点的网络用户中进行网络发放,以使问卷的调查结果有一定的代表性和普遍性。问卷发放时间为2020年2月18日—21日,共发放问卷370份,收回问卷370份,其中有效问卷348份,有效回收率为94%。

样本基本情况如下:性别方面,男性占28.73%,女性占71.27%;最高学历方面,初中及以下学历为8.05%,高中、中专、技校学历为9.34%,大学专科学历为11.49%,大学本科学历为52.16%,研究生学历为18.96%;居住地方面,居住在农村的人数为20.27%,居住在城镇的人数为26.14%,居住在中小城市的人数为40.95%,居住在大城市的人数为12.64%;社区的主要管理机构方面,社区由村委会管理的占20.01%,由街道办事处管理的占20.11%,由居委会管理的占31.18%,由物业管理公司管理的占28.70%,涵盖了不同类别的社区地点,确保了调查结果的科学性与可参考性。

(二)信度效度分析

本文对社区应急响应能力体系中包含的8个要素采用克朗巴赫系数进行信度检验,新冠肺炎疫情下的社区应急响应能力量表信度检验,见表2。

表2 新冠肺炎疫情下的社区应急响应能力量表信度检验

变量	构造变量	包含指数	克朗巴赫系数
社区应急响应能力(总量表信度0.929)	资源保障能力	3	0.659
	应急协同能力	3	0.692
	监测预警能力	3	0.717
	应急准备能力	3	0.805
	社区居民意识	3	0.744
	应急处置能力	3	0.697
	组织指挥体系	3	0.819
	应急响应水平	3	0.824

通过SPSS 22.0软件检验发现,社区应急响应能力量表的总量表信度系数大于0.80,各个分变量均大于0.60。参考吴明隆[11]所说明的总量表信度系数在0.80以上,分量表信度系数在0.60以上的信度检验标准可知,该量表的可靠性满足信度检验要求,可以通过检验。

本文采用KMO检验和Bartlett球形检验进行问卷的效度检验,社区应急响应能力评价量表效度检验,见表3。

表3 社区应急响应能力评价量表效度检验

KMO取样适切性量数		0.933
Bartlett球形检验	近似卡方	3 791.462
	自由度	276.000
	显著性	0.000

从检验结果来看,样本数据的KMO值为0.933,Bartlett球形检验的显著值为0.000,表明社区应急响应能力体系的各个构成变量之间存在相关关系,该问卷具有良好的结构效度,可以进行因子分析。

(三)模型分析

1. 模型的参数估计

运用AMOS 22.0软件进行模型路径分析,模型路径分析结果见表4。表4中S.E.表示平均误差,C.R.表示标准差比值,P为显著性概率值。从表4可知,14条路径中,除了“应急响应水平←——社区居民意识”的P值大于0.05外,其余路径的P值均小于0.05,这说明有13条路径显著。

2. 拟合度分析

经过问卷的信度和效度检验后,进一步利用AMOS 22.0软件验证新冠肺炎疫情下社区应急响应能力结构方程模型,选用最大似然估计法进行参数估计。由软件计算可得:绝对拟合优度指标CMIN/DF拟合结果为3.137,大于3小于5;GFI拟合结果为0.846,大于0.80;AGFI拟合结果为0.806,大于0.80;RMSEA拟合结果为0.078,小于0.08;增值拟合优度指标NFI、CFI、IFI、TLI均大于0.80;精简拟合优度指标PGFI拟合结果为0.671,PNFI拟合结果为0.697,均大于0.60,模型适配度各项指标满足标准,该结构方程模型适配度较为一般。

表 4　模型路径分析结果

影响路径			非标准化载荷	标准化载荷	S. E.	C. R.	P
应急处置能力	←	组织指挥体系	0.279	0.475	0.052	5.399	***
应急处置能力	←	资源保障能力	0.746	0.766	0.113	6.578	***
应急处置能力	←	应急准备能力	0.114	0.195	0.045	2.528	**
应急响应水平	←	应急协同能力	1.544	1.395	0.554	2.786	**
应急响应水平	←	监测预警能力	−1.671	−1.671	0.480	−3.479	***
应急响应水平	←	社区居民意识	−0.079	−0.098	0.086	−0.913	0.361
应急响应水平	←	应急处置能力	1.215	0.984	0.189	6.435	***
组织指挥体系	↔	应急准备能力	0.536	0.617	0.069	7.723	***
应急准备能力	↔	社区居民意识	0.124	0.158	0.048	2.596	**
应急协同能力	↔	社区居民意识	0.067	0.130	0.029	2.287	*
应急协同能力	↔	资源保障能力	0.280	0.818	0.046	6.115	***
组织指挥体系	↔	应急协同能力	0.081	0.143	0.027	3.047	**
应急协同能力	↔	监测预警能力	0.393	0.953	0.051	7.670	***
资源保障能力	↔	监测预警能力	0.355	0.937	0.054	6.560	***

注：*** 表示 $P<0.001$，** 表示 $P<0.01$，* 表示 $P<0.05$。

3. 模型修正

由表 4 可知："应急响应水平←社区居民意识"此条路径不显著，因此尝试删除此条路径，再次检验修正模型。修正后的模型路径分析结果，见表 5。由表 5 可知，所有路径系数显著性均小于 0.05。

表 5　修正后的模型路径分析结果

影响路径			非标准化载荷	标准化载荷	S. E.	C. R.	P
应急处置能力	←	组织指挥体系	0.292	0.495	0.050	5.853	***
应急处置能力	←	资源保障能力	0.750	0.767	0.114	6.577	***
应急处置能力	←	应急准备能力	0.101	0.173	0.041	2.445	*
应急响应水平	←	应急协同能力	1.276	1.167	0.415	3.079	**
应急响应水平	←	监测预警能力	−1.448	−1.457	0.359	−4.032	***
应急响应水平	←	应急处置能力	1.201	0.978	0.187	6.425	***
组织指挥体系	↔	应急准备能力	0.532	0.614	0.069	7.717	***
应急准备能力	↔	社区居民意识	0.130	0.165	0.048	2.700	**
应急协同能力	↔	社区居民意识	0.048	0.092	0.022	2.158	*
应急协同能力	↔	资源保障能力	0.281	0.818	0.046	6.116	***
组织指挥体系	↔	应急协同能力	0.094	0.164	0.026	3.581	***
应急协同能力	↔	监测预警能力	0.394	0.949	0.051	7.676	***
资源保障能力	↔	监测预警能力	0.356	0.943	0.054	6.561	***

注：*** 表示 $P<0.001$，** 表示 $P<0.01$，* 表示 $P<0.05$。

路径系数的显著性检验后，再次对修正后的结构方程模型进行拟合度检验。修正后的适配检验结果，见表 6。由表 6 可知，模型的适配均符合适配标准。

表 6　修正后的适配检验结果

指标类型	拟合优度统计量	适配标准	修正后的适配结果	修正后是否符合标准
绝对拟合优度指标	CMIN/DF	＜3(良好)	3.127	是
	GFI	＞0.8	0.846	是
	AGFI	＞0.8	0.807	是
	RMSEA	＜0.08	0.078	是
增值拟合优度指标	NFI	＞0.8	0.808	是
	CFI	＞0.8	0.859	是
	IFI	＞0.8	0.861	是
	TLI	＞0.8	0.838	是
精简拟合优度指标	PGFI	＞0.5	0.674	是
	PNFI	＞0.5	0.700	是

4. 结果分析

研究结果表明：疫情突发事件下的社区应急响应水平的直接影响因素为应急协同能力和应急处置能力，影响权重分别为 1.17、0.98，其中在应对突发事件时，应急协同能力对社区应急响应水平的影响最大。间接影响因素中资源保障能力、组织指挥体系和应急准备能力通过中间变量应急处置能力对社区应急响应水平产生影响。此外，应急准备能力与组织指挥体系显著相关、应急准备能力和社区居民意识显著相关、组织指挥体系和应急协同能力显著相关、资源保障能力和应急协同能力显著相关、资源保障能力和监测预警能力显著相关、应急协同能力和社区居民意识显著相关、应急协同能力和监测预警能力显著相关。修正后的结构方程模型，见图 2。

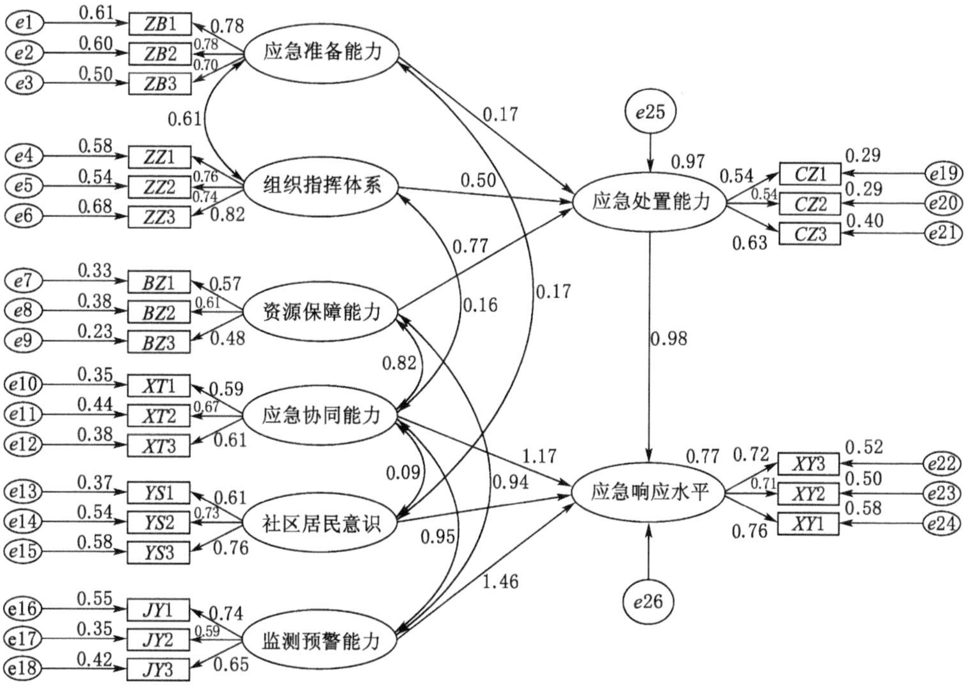

图 2　修正后的结构方程模型

五、研究结论及政策建议

(一) 研究结论

(1) 资源保障能力、组织指挥体系、应急准备能力可通过中间变量应急处置能力对社区应急响应水平产生显著的正向影响。一是，社区通过建立卫生服务机构，储备相应的卫生物资，建立一支训练有素的应急队伍可以在很大程度上提高应急处置的及时性和有效性，进而提高社区应急响应水平。二是，一个完善的社区管理机构，具备健全的应急管理制度，在突发情况发生时能够有条不紊地指挥，可以极大地提升应急处置能力和应急响应水平。三是，社区通过宣传卫生应急知识、组织应急演练培训以及宣传相关的卫生防护政策等一系列应急准备措施，可以提高社区管理机构应对突发公共事件的能力。

(2) 应急协同能力、应急处置能力对应急响应水平具有正向影响作用。一方面，社区通过有效组织和发动社区居民参与应急响应工作，及时发布疫情信息，与居民进行信息交流可以直接提高社区应急响应水平，减少灾害损失，保护居民安全。另一方面，社区通过严格落实应急值班制度、及时处理突发情况、实施预防控制等措施可以有效提高应急响应水平。

(3) 监测预警能力对应急响应水平具有负向影响作用。这是因为，当前社区的监测预警的基础设施和机制体制尚不完善，在发生突发事件时，由于信息报送程序繁杂，设施设备缺乏，极大地影响了信息发布和报送的及时性，造成应急响应工作开展不及时，进而影响了应急处置的效率。

(4) 社区居民意识对应急响应水平不存在显著正向影响作用，存在一定偏差。这是因为，居民自身虽然具备一定的个人卫生防护习惯和意识，但是社区并未通过有效的应急组织和动员机制将居民的有效意识转化为实际行动，在处置突发事件时发动群众、动员群众和依靠群众的机制仍不完善。因此，社区居民意识对应急响应水平未有显著正向影响。

(二) 政策建议

本文以韧性社区理论为基础，对新冠肺炎疫情事件下社区应急响应能力的影响因素进行了实证研究。研究发现，社区的资源保障能力、组织指挥体系和应急准备能力通过中间变量应急处置能力对社区应急响应水平具有正向影响，而应急处置能力、应急协同能力对社区应急响应水平具有显著正向影响。基于上述研究结果，结合韧性社区理论，本文从以下方面提出有利于提高公共卫生突发事件下社区应急响应能力的建议。

1. 加强协同合作，提高应急响应能力

一是积极组织和动员社区居民，特别是有相关专业能力的居民，参与到社区应急志愿队伍中，并在建立社区应急队伍的基础上，积极组织专业应急培训和演练，提高社区应急队伍的实战能力。二是加强社区应急志愿者的信息化管理。建立相应的数据信息库，对应急志愿者进行统一管理，使志愿者招募和管理工作更加规范化和科学化。三是统筹社区组织协同应急。社区街道办、居委会等管理机构应与社区内的其他应急力量有效协同，合理分工，集中力量充分发挥基层社区协同应急的优势与潜力。通过招募志愿者、培训社区居民、统筹社区组织应急工作等方式加强外部协同合作，在应对突发事件的过程中提高社区的反应能力和适应能力，增强社区自身的韧性。

2. 完善制度建设，做好应急处置工作

在提高社区应急保障能力方面，一是应完善社区卫生服务机构。根据社区居民概况、数量和需求程度建立相应规模的社区卫生服务机构，为社区居民提供多种医疗卫生服务，满足社区居民的卫生应急需求。二是应建立社区应急志愿者队伍。通过发动和组织社区居民参与社区应急志愿活动、培训和演练活动，提高社区居民素质和社区整体的应急处置效率和能力。三是应建立常态化的卫生应急物资储备制度。社区应该专门购置一批与社区应急需求相对应的应急物资和设备，并进行定期检查和更换。

在提高社区管理机构的组织指挥的权威性和有效性方面，一是加强政府对社区的政策引导。政府应出台有关政策进一步明确社区组织在基层应急管理中的重要作用，通过政策引导明晰社区组织的应急管理责任，给予相应权力，以便社区在遇到突发事件时能够充分发挥主动性，使突发事件得到有效处置。二是建立社区应急预案管理制度。应急预案是发生突发事件时的重要行动依据。只有建立切实可行的应急预案制度，并通过定期组织应急演练，才能切实提高社区的应急处置能力，减轻突发事件引起的严重危害。三是明确社区管理人员应急职责。社区管理机构应该通过制度文件规范突发事件下的社区各应急人员的职责要求，并建立相应的激励约束制度，避免职责交叉，以科学性和规范化的职责要求提高突发事件情境下应急指挥中心的权威性。

在提高社区应急准备能力方面，一是制定社

区卫生应急政策。结合省、市相关的社区应急政策文件，根据社区的灾害特点，有针对性地制定应急政策，并进行积极宣传，提高社区居民的应急意识。二是加强应急培训与演练。制定应急培训计划，定期邀请专业人员对社区居民进行应急知识培训和演练，举办应急知识讲座，切实提升居民的安全应急知识水平和能力。三是提高社区居民的应急意识。指导社区居民做好家庭应急准备工作，社区居民不仅要掌握基本的应急常识，还要储备一定的卫生应急物品，以提高自身的自救互救能力。

3. 健全机制建设，提高应急预警能力

提高社区监测预警和信息报告能力，一是应强化社区应急人员的反应意识。在发生突发事件时，应急人员应该利用智能设备及时将信息传达给相关负责人，从而实现对应急事件快速有效的处置。二是应建立社区应急信息报告制度。规范社区巡逻员、值班员、负责人的信息报告工作，以简洁、快速、有效为原则，由负责人向上统一报告信息，向下进行有效指挥，避免信息“倒灌”现象的出现。三是应加强社区监测预警设备建设，完善社区监测网络。在突发事件发生时，能够有效利用社区广播、视频监控和电子显示屏等设备，并结合线上短信、微信等方式，及时进行信息发布与预警，强化信息发布能力。

参考文献

[1] HOLLING C. S. Resilience and stability of ecological systems[J]. Annual review of ecology and systematics, 1973, 4: 1-23.

[2] 陈涛，罗强强. 韧性治理：城市社区应急管理的因应与调适：基于 W 市 J 社区新冠肺炎疫情防控的个案研究[J]. 求实，2021(6)：83-95.

[3] 崔鹏，李德智，陈红霞，等. 社区韧性研究述评与展望：概念、维度和评价[J]. 现代城市研究，2018，33(11)：119-125.

[4] 吴晓林，谢伊云. 基于城市公共安全的韧性社区研究[J]. 天津社会科学，2018(3)：87-92.

[5] 陈文涛，佟瑞鹏，孙跃龙. 基于 ANP 方法的社区事故应急能力评估指标权重的确定[J]. 中国安全科学学报，2010，20(6)：166-171.

[6] 霍玉蓉，刘杰. 基于公众风险感知的社区应急响应能力评估研究[J]. 时代金融，2019(21)：94-95.

[7] 廖茂林，苏杨，李菲菲. 韧性系统框架下的城市社区建设[J]. 中国行政管理，2018(4)：57-62.

[8] 彭翀，郭祖源，彭仲仁. 国外社区韧性的理论与实践进展[J]. 国际城市规划，2017，32(4)：60-66.

[9] 吴晓林，谢伊云. 基于城市公共安全的韧性社区研究[J]. 天津社会科学，2018(3)：87-92.

[10] 黄晓燕，陈颖，何智纯. 城市突发公共卫生事件应急处置核心能力快速评估方法的研究和应用[J]. 中国卫生资源，2019，22(3)：236-241.

[11] 吴明隆. 问卷统计分析实务 SPSS 操作与应用[M]. 重庆：重庆大学出版社，2010.

Factors Affecting Community Emergency Response Capacity under Public Health Emergencies from the Perspective of Resilience: A Case Study of the COVID-19 Outbreak

Zhang Yan　Wang Yibao

Abstract: In order to explore the influencing factors of community emergency response capacity under public health emergencies and the correlation between these influencing factors, this paper takes the COVID-19 outbreak event as an example and constructs a theoretical model of community emergency response capacity under the COVID-19 outbreak from the perspective of resilience. Moreover, structural equation model is used to analyze the influencing factors of community emergency response capacity under the epidemic. The empirical analysis was carried out. It is found that the resource support ability, organizational command system and emergency preparedness ability of the community have a positive impact on the community emergency response ability through the intermediate variable emergency response ability, while the emergency response ability and emergency coordination ability have a significant positive impact on the community emergency response level. Based on the above research findings and combined with the resilient community theory, this paper puts forward suggestions to improve community emergency response ability under public health emergencies from the aspects of emergency coordination, emergency handling, monitoring and early warning.

Keywords: toughness; community; emergency response; structural equation model; public health

突发公共卫生事件中政务微博的舆情管理研究

——基于“武汉发布”的实证分析

黄子怡

摘要：政务微博是在我国建设服务型政府和创新网络应用的背景下形成的一种引导舆情的新形式，是舆情管理的重要组成部分。本文以新冠肺炎疫情严重的武汉市最具影响力和代表性之一的政务微博“武汉发布”为例，借助网络舆情潜伏期、成长期、爆发期和消退期的演化四阶段理论，从“武汉发布”政务微博对新型冠状病毒传播期间网络舆情在时间和文本内容两个维度的响应表现进行实证分析，探索突发公共卫生事件中政务微博的舆情管理机制，并尝试提出完善舆情管理的优化路径，为政务微博提升舆情应对能力提供可借鉴的经验。

关键词：政务微博；突发公共卫生事件；舆情管理

一、引言

突发公共卫生事件是指具有突发性，造成或可能造成社会公众健康严重损害的重大传染病疫情、群体性不明原因疾病、重大食物和职业中毒以及其他严重影响公众健康的事件。[1] 2019 年 12 月底以来暴发的新冠肺炎疫情是一次由重大传染病导致的突发公共卫生事件。在此次疫情防控期间，受社会疏离应对策略的影响，传统的政民互动形式受限，网络成为公众了解事态进展、捕获新闻动态、习得防控知识、反馈利益诉求等的主要途径。在疫情严重时期，湖北春节团拜会仍照常举办、红十字会物资分配不公等热门话题也引起了网民的热烈讨论，公众对于湖北省官方信息披露的及时性、真实性产生了质疑，舆论声哗然，加剧了社会情绪的不稳定性。

此时，如何巧妙利用政务微博、政务微信、政务抖音等政务新媒体对网络舆情进行有效引导成了社会治理的迫切需求，而政务微博作为线上政民互动平台的重要组成部分，其对微博舆情的应对处理能力也日益成了考察地方政府危机管理能力的一个重要衡量指标。政务微博作为新型政民互动平台，自 2011 年“政务微博元年”至今，已经从起初纯粹的信息公示平台逐渐发展成现今的参与互动型平台。随着互联网技术的发展，根据第 44 次《中国互联网络发展状况统计报告》显示，截至 2019 年 6 月，经过新浪微博平台认证的政务机构微博约为 13.9 万个，我国 31 个省（区、市）（未含香港、澳门特别行政区和台湾地区）均已开通政务机构微博。[2] 政务微博在促进政府与公众进行深入高效的互动方面意义重大，成为广大人民群众解决、反馈问题的新的社会治理手段。

本文选取“武汉发布”在新冠肺炎疫情期间发布的部分微博为研究样本，借助网络舆情的演化阶段理论，从该政务微博对网络舆情在时间和文本内容两个维度的响应表现进行实证分析，探索其对网络舆情的管理情况，总结成功经验，分析问题所在，以期能够为突发公共卫生事件政务微博的舆情管理寻找优化路径。

作者简介：黄子怡（2000—），女，江苏太仓人，中国矿业大学公共管理学院（应急管理学院）行政管理专业本科生，研究方向为行政管理。

二、样本选择和研究内容

(一) 样本选择

武汉是本次新冠肺炎疫情严重的地区之一，广受公众关注，而“武汉发布”作为武汉市互联网信息办公室实名认证的官方媒体，承接着发布市委市政府的中心工作和重要决策部署、全市重大主题活动、市委市政府新闻发布类信息等的重大职责。

人民网舆情数据中心发布的政务微博影响力报告显示，“武汉发布”位列 2019 年全国党政新闻发布微博第三名。[3] 因此，以“武汉发布”为例探究突发公共卫生事件中的政务微博舆情管理具有较强的代表性和典型性。

在数据收集方面，由于新冠肺炎疫情从 2020 年年初暴发到我国疫情基本得以控制历时数月。为了提高数据的完整度和典型性，本文选取 2019 年 12 月 31 日，华南海鲜批发市场停业整顿、武汉卫健委发布通告并未发现人传人现象、多家报社报道相关情况、舆情小范围形成，以及 2020 年 3 月 2 日，全国 21 省(区、市)下调应急响应级别、疫情防控取得阶段性成果这两个疫情发展的关键时间节点为依据，将数据收集的时间范围限定在 2019 年 12 月 31 日零时起至 2020 年 3 月 2 日 24 时止，共计 63 天。本文主要采用微博信息抽取技术，固定信息收集的时间段，对“武汉发布”的微博发布时间、频数、正文内容、微博评论用户的地区分布等内容进行采集，最后用定量与定性相结合的研究方法对获得的 213 232 条有效信息进行分析。

(二) 研究内容

1. 时间分类

由于新冠肺炎疫情发展的时间较为漫长，本文将选定的时间范围以 7 天为一个时间段进行划分，共分成 9 个时间段，编码如下：1＝2019 年 12 月 31 日至 2020 年 1 月 6 日；2＝2020 年 1 月 7 日至 2020 年 1 月 13 日；3＝2020 年 1 月 14 日至 2020 年 1 月 20 日；…；8＝2020 年 2 月 18 日至 2020 年 2 月 24 日；9＝2020 年 2 月 25 日至 2020 年 3 月 2 日。

2. 文本内容分类

当突发公共卫生事件发生时，政务微博可通过科学设置议题来引导舆论，有效传递政府部门和受众的声音，起到上传下达的作用。新冠肺炎疫情期间，“武汉发布”开辟了一些新话题，多角度报道和转发与疫情有关的各种信息。在统计时间段内，“武汉发布”总计发布微博 3 783 条，与疫情相关的微博共 2 794 条。从内容议题上，与疫情相关的微博 2 794 条分为以下六大类：宣传动员(防疫知识普及、动人抗疫故事、居民防疫措施等科学知识传播和精神鼓舞类信息等)，便民提示(疫情期间办事指南、交通情况等)，疫情最新进展(疫情蔓延情况、感染人数、医院建设情况、创新性科技进步、相关情况通报等)，疫情防控措施(国家疫情防控工作、复工复产复学等)，防疫物资管控(口罩需求、财政补贴、物资捐赠和市场监管等)，辟谣(对影响公众情绪、社会稳定的谣言进行有针对性的解释)。此外，文本内容还包括内容形式和内容来源两个方面。

三、数据分析与发现

(一) 网络舆情演化阶段理论

生命周期是指任何事物都要经历出生、成长、成熟、衰退、死亡整个过程，也泛指事物的阶段性变化及规律。突发公共卫生事件的网络舆情属于一种典型的信息生态系统，并且随着事件发展，网络舆情也将呈现一定的信息生命周期特性。[4] 网络舆情的演化会有一定的规律和阶段特征。

对于网络舆情的演化阶段，学者们利用不同的方法建立网络舆情的演化模型来判断发展阶段。比如有学者以某事件为例，将舆情演化分为爆发期、转折期和消退期三个阶段进行舆情回顾。李紫薇等以“九寨沟地震”为例，通过信息传播模型把突发事件舆情话题演进过程分为突发期、蔓延期和消散期三个阶段[5]。曹武军等人通过分析此次新冠肺炎疫情网络舆情参与主体、系统边界及系统结构构建了新冠肺炎疫情网络舆情应对的系统动力学模型，发现网络舆情经历了萌芽、发展、高潮、衰减等四个阶段[6]。胡峰选取新冠肺炎疫情中 4 个热点舆情事件构建了重大疫情网络舆情“四点四阶段”演化模型，即重大疫情网络舆情在触点、燃点、拐点、熔点的作用机制下，经历突发、爆发、降温、失焦等 4 个演化阶段，同时基于该模型，分析了政府在“湖北红十字会”舆情事件中的治理实践[7]。李志宏等结合突发性公共危机信息传播的特点，将舆情演化分为前兆、爆发、蔓延、缓解和终止等五个阶段[8]。聂峰英等认为社交网络舆情遵循着萌芽、发展、爆发、消退和消失等五个演化过程的规律[9]。崔鹏等构建了由酝酿阶段、爆发阶段、扩散阶段、反复阶段、消退阶段、长尾阶段等构成的突发公共事件网络舆情发展生命周期“六阶段”模型，并基于该模型，通过对突发公共事件典型案例分析，探究了政府应对能力指标在突发公共事件网络舆情生命周期中的演化态势，为政府提高应对网络舆情的能力提供了理论借鉴和指导。[4]

根据以上研究成果，再结合新冠肺炎疫情网络舆情的现实状况，参考曹武军等[6]的理论分析成果，笔者将网络舆情的演化阶段分为潜伏期、成长期、爆发期和消退期等四个阶段。

潜伏期指的是，事件发生至舆论走向高涨之前的这一段时间，舆情走势平稳，讨论范围小，集中在个别群体。微博、微信、抖音等新媒体平台逐步成为舆情传播的主要源头，在此期间网民不常发布过激言论，多数是对事件始末的好奇。

成长期指的是，舆情集中积累趋向爆发的过程，舆情的影响力迅速上升，受众范围持续扩大，网民对于事件逐步产生了自己的主观判断，质疑声不断。随着事件发酵，会引起更大范围内其他舆情主体的关注，且个体意见会逐渐趋同从而形成意见群体。

爆发期指的是，舆情的影响力处于高潮，网民表达情绪的频率、用词强度、影响力范围等各指数达到峰值，亟须采取有效措施加以解决事件的时间段。此阶段新闻量比较集中、发布频率明显增加，不断出现新的话题影响事态发展。

消退期指的是，舆情走势下降，逐渐平息的过程。舆情爆发期后，网民关注度开始降低、负面情绪减少，舆情可能有小幅波动，但总体上趋于平静。

通过对“武汉发布”微博内容的梳理，发现在新冠肺炎疫情早期，公众对于其发布的与“肺炎”“华南海鲜市场”“武汉市卫健委”等关键词密切相关的微博显示出了较高的关注度，与其他日常微博鲜少的转发量、点赞量、评论量形成了鲜明的对比。

笔者对“武汉发布”微博的转发量、点赞量、评论量进行了统计，发现随着疫情的势态发展，“武汉发布”所收获的转发、点赞、评论数量也随之变化，这表明其在一定程度上能够体现新冠肺炎疫情的网络舆情演化阶段。“武汉发布”各时间段的转发数量、评论数量与点赞数量的变化，见图1。

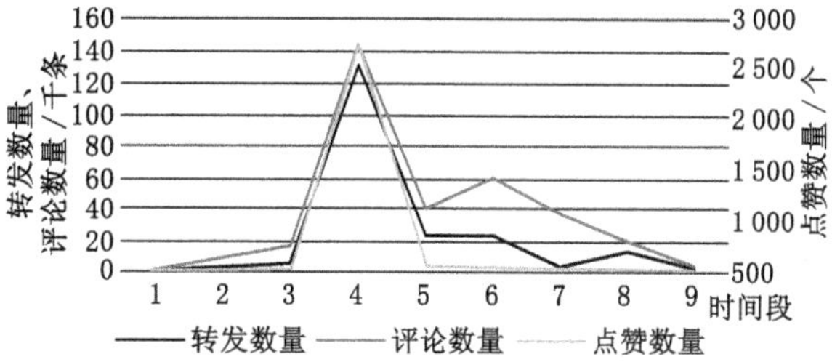

图1 “武汉发布”各时间段的转发数量、评论数量与点赞数量的变化

如图1所示，根据“武汉发布”各时间段的转发数量、评论数量与点赞数量的变化来划分统计时间段内新冠肺炎疫情网络舆情的演化阶段。

(1) “1”时间段内，网民的关注度低，转评赞数量均较为低，但有小幅增加的趋势，符合潜伏期的特征。2019年12月31日至2020年1月6日是统计时间段内新冠肺炎疫情网络舆情的潜伏期。

(2) “2—3”时间段内，网民的关注度和表达频率迅速上升，武汉市卫健委多次发布通告并未发现人传人现象，传染病例增加，公众焦虑情绪上涨，转评赞数量稳步增加，评论数量明显高于转发点赞数量，符合成长期的特征。2020年1月7日至2020年1月20日是统计时间段内新冠肺炎疫情网络舆情的成长期。

(3) “4—5”时间段内，2020年1月20日钟南山院士宣布发现人传人现象，紧接着武汉封城，打响了全国抗疫保卫战，此阶段内转评赞数量激增，舆论上升趋势陡峭并达到高峰，符合爆发期的特征。2020年1月21日至2020年2月3日是统计时间段内新冠肺炎疫情网络舆情的爆发期。

(4) “6—9”时间段内，网民对于新冠肺炎疫情有了一定的了解，再加上中央强有力的防疫措施，虽有舆论起伏波动但总体趋势走低，此阶段内转评赞数量持续降低，符合消退期的特征。2020年2月4日至2020年3月2日是统计时间段内新冠肺炎疫情网络舆情的消退期。在现实中，消退期的时间范围更为持久，因为疫情的影响范围广且久，新闻媒体持续跟踪报道，公众深切关注。

（二）政务微博对舆情管理的时间响应表现

针对不同的舆情发展阶段，所采取的时间响应机制也不同。笔者对“武汉发布”在不同时间段内的发布微博数量和其中与疫情有关的微博发布数量进行了统计，其变化趋势如图 2 所示。

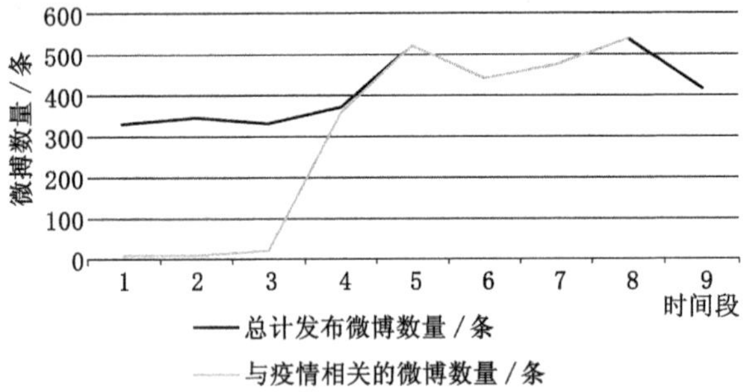

图 2 “武汉发布”在不同时间段内的发布的微博数量统计

结合图 2 可知，“武汉发布”在时间方面的响应情况总体上符合网络舆情的演化规律，但在一些关键节点上反应滞后。

“1—3”时间段为网络舆情的潜伏期和成长期，该阶段内总计发布微博 1 012 条，与疫情有关的仅有 37 条，预警类信息发布得太少，失去了把握舆情走势的主导权。“武汉发布”对疫情的预防预警功能并未凸显，未能解决和回应公众的评论诉求，缺乏对突发公共卫生事件防范措施的沟通与互动。

“4—5”时间段为网络舆情的爆发期，“武汉发布”开始主动调整发布微博内容，增加发布微博数量和频率，采取了信息公开、及时跟进的态度，积极引导舆论走向，稳定公众情绪，对舆情扩大起到了一定的控制作用。

“6—9”时间段为网络舆情的消退期，“武汉发布”总共发布 1 870 条与疫情有关的微博，较好地承担了回应社会舆论热点、公布公开疫情最新进展、解决公众需求的作用。

（三）政务微博对舆情管理的内容响应表现

1. 议题内容响应

在不同的网络舆情演化阶段，政务微博在内容方面的响应情况也不同。政务微博发布的议题随舆情演化规律变化。在上文中笔者将与疫情有关的微博的内容议题分为了宣传动员、便民提示、疫情最新进展、疫情防控措施、防疫物资管控和辟谣等六大板块，同时笔者统计了“武汉发布”在不同时间段内各个议题的变化情况，如图 3 所示。

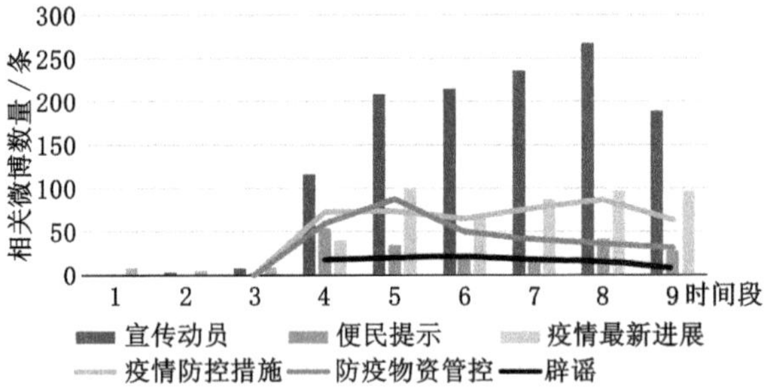

图 3 “武汉发布”在不同时间段内的议题变化情况

此外，笔者整理了“武汉发布”在 2020 年各统计时间段内被点赞数前十的微博内容，如表 1 所示。通过对公众关注的内容进行分析，可探索出不同演化阶段的内容响应侧重点。

表 1 “武汉发布”在统计时间段内被点赞数前十的微博内容

时间	主题内容	转发数/条	评论数/条	点赞数/个
1 月 22 日	#武汉新闻#【不漏一车、不漏一人！即日起，武汉在进出城道口对过往车辆及人员实施疫情排查】……	399	2 184	21 584
1 月 23 日	#公告#【市新型冠状病毒感染的肺炎疫情防控指挥部通告】……恢复时间另行通告	76 258	85 258	2 626 543
1 月 24 日	#公告#【武汉市新型肺炎防控指挥部通告(第 7 号)】	620	1 101	17 379
1 月 24 日	【湖北省将暂时关闭公共文化场馆】……	243	1 359	19 951
1 月 24 日	#加油武汉#【国开行 20 亿元应急贷款驰援武汉抗击肺炎疫情】……共克时艰、抗击疫情	455	2 044	27 056
1 月 26 日	#湖北加油 武汉挺住#【武汉市物资紧张情况已得到缓解】……下一步将按照轻重缓急，科学合理进行调配	2 154	2 752	58 590

表 1（续）

时间	主题内容	转发数/条	评论数/条	点赞数/个
2月4日	＃武汉加油＃【李兰娟院士团队在汉发布重大抗病毒研究成果“阿比朵尔、达芦那韦能有效抑制冠状病毒”】……与未用药物处理组比较，抑制效率达280倍	6 561	5 184	72 815
2月14日	＃情况说明＃【关于网友质疑医疗防护物资分配比例失调情况的说明】……	1 843	3 809	23 752
2月15日	＃公告＃＃武汉我们在一起＃【武汉市疫情防控指挥部发布通知，明确住宅小区封闭管理主要措施】……以正式通知的形式，做出了细化和明确的规定	872	6 957	33 809
2月26日	＃武汉我们在一起＃＃武汉抗疫防线＃【武汉13人拟推荐为全国劳模！一起来认识一下】……	1 623	295	18 664

结合图1、图3和表1可知：

“1”时间段为网络舆情潜伏期。“武汉发布”鲜少发布与疫情有关的议题，仅为1条辟谣内容和8条疫情最新进展，虽有一定的安抚公众情绪的作用，但影响甚微。而在同时间段，其他主流媒体跟进报道相关话题，频繁登上微博热搜，“武汉发布”仅维持日常发布内容，在慎重对待网络舆情潜伏期的舆情动向方面尚存不足。

“2—3”时间段为网络舆情成长期。在此期间内，“武汉发布”除了增加“疫情最新进展”内容的发布，开始有意识地发布宣传动员类信息，出现了“便民提示”“疫情防控措施”的话题，且保持着较高的发布微博频率，积极地普及新冠肺炎疫情防控的科学知识，增加公众对其了解，缓解社会紧张情绪，但较少回应公众诉求，缺少政民互动内容。在此阶段，没有对新冠肺炎有一个完整的、科学的定义，各类真假消息在网络上不断传播，导致政务微博的常态化舆情引导体系失范。此时，公众对一些官方发布的权威认证信息和指示性信息给予较多的关注，而“武汉发布”尚存没能够及时对传播的谣言进行解释说明的情况，增加了谣言的传播速度。

“4—5”时间段为网络舆情爆发期。“武汉发布”关于“疫情防控措施”“便民提示”“防疫物资管控”类微博数量增长迅速，“辟谣”类微博数量稳步增加，同时从“5”时间段起减少了常规类日常的更新，每日发布微博的内容均为与疫情相关的内容。随着对新冠肺炎认知的增加，公众焦虑情绪骤增，对具有情绪安抚作用的信息更关注。此时更需要官方媒体对舆情进行积极的引导，“武汉发布”在此期间大量发布真实感人的抗疫事件和防护知识，从心理上舒缓了公众的紧张情绪，同时及时更新国家的疫情防控措施，有逻辑地对造成公众恐慌的谣言进行辟谣。

“6—9”时间段为网络舆情消退期。此阶段疫情形势有所好转，疫情得到初步的有效控制，防控措施和医疗救援有序进行，复工复产复学稳步推进，公众对抗疫胜利信心增强。“武汉发布”在此阶段侧重发布“疫情防控措施”和“宣传动员”类微博，为公众转变心态、开始恢复正常生活提供指导。

总体而言，在统计时间段内，“武汉发布”在话题内容方面针对网络舆情演化的不同阶段有所侧重地发布消息，虽稍有滞后，但能迅速调整，通过不同种类微博发布形式相结合的办法更准确地向公众进行危机信息传播，以此进行正向的舆情管理。

2. 内容形式响应

从微博发布的内容形式来看，从网络舆情的潜伏期到消退期，“武汉发布”微博在内容的发布形式响应方面行动有效、迅速，种类多样，涵盖面广，统计时间段内，与疫情有关的微博内容主要包含“纯文字”“文字和图片”“文字＋图片＋链接”“文字＋图片＋链接＋视频”等四种形式。在发布较为复杂的疫情相关消息时，多采用“文字＋图片＋链接”的形式，以融合其他媒体平台的报道。“武汉发布”通过运用标签“＃”，以加强话题分类和议程设置，便于关注该话题的用户参与讨论，如采用“【小标题】＋＃栏目名称＃＋具体内容”的样式，利用关键词的概要功能，加快网友信息拾取的速度，提高信息传播的效率。疫情期间，“武汉发布”设置的“＃武汉我们在一起＃”“＃武汉加油＃”，是调查期间阅读量和讨论量较高的两个话题(部分内容可见表1)。

3. 内容来源响应

从微博内容的来源来看，在统计时间段内，从网络舆情的潜伏期到消退期，“武汉发布”的关于疫情的原创微博占微博总数的78%，218条微博是转发的，且大多转发自“央视新闻”“人民日报”等具有官方权威性的主流媒体和其他政务微博的加油鼓励类微博，有效保证了微博内容的本地化程度以及受众的可接受性。原创性微博在一定程度上代表了官方政府的真诚态度。此外，“武汉发布”还通过与其他政务机构或社会团体转发互动等形式拓宽信息来源，通过微博链接等形式，联合其他平台发布更为全面、内容更加丰富的信息。如与“人民日报”账号互动，为公众提供疫情期间的相关防护知识；与“浦东发布”账号互动，强化地区联动效应，共同做好疫情防控工作。

整体而言，“武汉发布”主要针对疫情发展情况、政府应对措施等内化信息进行信息发布，还有一部分指导提示公众注意疫情防控及具体防控措施的指示类信息微博。从内容上看，“武汉发布”的微博信息涉及面广，发布形式多样，内容来源原创性较高，虽在网络舆情的潜伏期和成长期响应速度有所不足，但在爆发期和消退期基本上能够满足公众对于疫情相关信息的需求。从中可以发现，合理科学的议题设置和对网络舆情演化阶段的正确把握能让受众全面了解疫情信息，从而有效地进行舆论引导。为使政务微博更好地起到舆论引导的作用，笔者将从以上分析中探讨“武汉发布”在舆情管理中存在的问题，从而提出解决路径。

四、政务微博在舆情管理中存在的问题

（一）网络舆情演化的潜伏期并未凸显政务微博的预警作用

上文提及“武汉发布”在网络舆情演化的潜伏期对于疫情的预防预警功能并未凸显，在时间和内容响应方面明显滞后，政民之间缺乏对突发公共卫生事件防范措施的沟通与互动，政务微博的管理者并未正确把握舆情演化的走向，没有根据不同阶段的不同特点采取具体的、有针对性的解决方略，响应速度慢，错失了关键机会。政务微博账号的管理人员素养有待提高。政务微博作为政府信息发布的新形式，需要使用者和管理者具备良好的运用能力和素质。目前，大部分政务微博缺乏专门的机构进行管理和统筹，也缺乏专业化的团队进行信息发布工作，当面对公众的质疑时，有些工作人员难以做出及时有效的回应；面对众多的网上信息，也难以进行信息资源整合；在处理突发公共卫生事件时，即使关注到了舆情的动向，但却因为缺乏信息回复能力，没有完整的信息报送制度，导致回复不及时，极易引起公众的恐慌心理。

（二）网络舆情演化的成长期缺乏多级联动互动

2019年4月17日，《国务院办公厅关于印发2019年政务公开工作要点的通知》指出，要理顺政务新媒体管理机制，建立健全相关工作制度，做好开设整合、内容保障、安全防护、监督管理等工作，推进整体协同、响应迅速的政务新媒体矩阵体系建设，统筹推进政务新媒体与政府网站的协同联动、融合发展，加强县级政务新媒体与本地区融媒体中心的沟通协调，提升信息发布、解读回应、政民互动、办事服务的整体水平。面对在全国范围内扩散的新冠肺炎疫情，“武汉发布”有效进行了联动，如及时转发中央政策和地方政策、积极与中央和各地方媒体互动等，不仅让受众了解武汉本土的信息，还让受众了解全国各地的现状。这种及时有效的交互行为，增加了其信息传播的覆盖面，加强了政府部门间的合作交流，但是这种模式在实际运营中并没有较好地发挥其效用。

疫情期间，“武汉发布”比较常用的方法是通过“@互动平台”，进行信息的共享，但在实际运营过程中，此类信息的互动状况并不乐观，平台之间的信息互动有限。笔者通过整理发现，“武汉发布”评论者的地区来源多为湖北省、北京市、广东省、上海市、江苏省等较发达地区，与一些欠发达地区的互动较少，影响力有限。在网络舆情演化的成长期，“武汉发布”多数通过单方面的互动来转发传达信息，面对全国各地纷繁复杂的谣言，没有及时联动地方政务媒体进行辟谣，助长了谣言传播的嚣张气焰。政务微博整体协同能力仍有待提升，多级联动互动模式有待完善。因此，政务微博要探索深度互动形式，搭建微博互动平台，在面对突发事件时，实现多级联动，有效进行舆论管理。

（三）网络舆情演化的爆发期信息整合和政民互动能力不足

面对处于特殊时期的突发公共卫生事件，公众对于信息的需求增大，由此更加要求政府及时向公众提供信息并解答疑问。“武汉发布”粉丝数量高达380余万人，但微博的转发、评论及点赞数量整体上并不乐观，在网络舆情演化的爆发期，部分微博的转发、评论及点赞数仅为个位数，互动情况与粉丝体量不相称。此外，“武汉发布”在此期间发布的微博，由于缺乏信息整合，导致了一些“便民提示”类重要信息被湮没。

面对突发公共卫生事件，政务微博中的微博评论、私信功能为公众提供了发声渠道，政务微博中政民互动的程度主要体现在微博的被转发数、被评论数和点赞数。通过分析“武汉发布”的微博互动情况可知，“武汉发布”没有对评论区内容做过回复，而是倾向于单独发布微博重点解释某一问题，但是由于信息海量，公众极易错过自己所需要的信息。就目前政务微博的运营现状来看，政务微博常被当作单向信息发布的平台，侧重于信息的单向传输，对其使用局限于消息发布，忽视了更为重要的政民互动功能，出现了质疑没人回应、问题没人解决的现象，极大地影响了政民互动的质量。

（四）网络舆情演化的消退期文本内容创新度不足

微博作为新媒体时代人们互动交流的新平台，其受众多集中于年轻群体。在网络舆情的爆发期，微博中每天有成千上万的信息，造成了公众信息接受疲劳和心理焦虑。于是在网络舆情演化的消退期，即使公众对疫情进展的关注度较高，“武汉发布”也时常出现信息遇冷的情况，转评赞量持续走低，多条微博的点赞数低于20个。此阶段信息表达方式仍采用较为传统的“文字＋图片”的形式，文本内容多是新闻体，即使有视频等形式，其内容也很难引起人们的关注。在少有人问津的消息中，有诸多关系着疫情防控知识的信息，诸如疫情防控下的复工复产复学的自我防控技巧、交通通信情况等信息。就其内容而言，这些信息对受众有着实用价值，但就其影响而言，却未能达到宣传目的。因此，政务微博如何在公众过度接收了舆情爆发期众多的信息之后脱颖而出与其创新性的表达和新颖独特的思维有着重要关系。

五、突发公共卫生事件中政务微博的舆情管理优化路径

基于以上问题，政务微博在进行舆情管理时必须把握舆情演化不同阶段的不同特征，根据现实情况及时调整应急措施和管理策略，针对舆情发展规律，有侧重地进行引导。

（一）网络舆情演化潜伏期应及时甄别舆情动向

在网络舆情潜伏期，由于网络信息的庞杂性，无法进行全面监测，很难发现舆情事件。因此，在平时需要由政府或专业的网络舆情监测机构进行日常监测，依靠专业化的信息与网络技术，对网络信息进行收集与整理工作，对舆情发展进行密切的监测和关注，预判网络舆情的走势，有针对性地对易发生突发事件的领域进行全面关注。同时，前期需要对政务微博的账号管理人员进行系统的培训，使其有能力发现网络舆情的苗头，在潜伏期能对甄别出来的危机舆情及时进行分析和汇报。此外，政府部门还应充分利用微博时效性强、传播速度快的特点，在甄别出危机舆情后主动公开事件信息，抢占话语权，引导舆论走向，消除公众的消极情绪，稳定局面。

（二）网络舆情演化成长期应推动多方联动机制快速运行

在网络舆情成长期，公众对初期网上传播的信息有下意识的轻信倾向，易造成谣言的肆意传播，只有用真实可信的信息回应社会关切，才能够削弱负面舆情的影响。政务微博在收到网络舆情监测机构的通知后要在第一时间代表政府表明对事件的态度，针对公众对于事件提出的质疑进行调查核实，尽早了解事情真相，提出相应的应对方案，缓和、化解危机。政务微博对事件相关信息的发布要及时、公开、透明，要联合多方精准推送，推动中央与地方的多级联动机制快速运行，这些都直接决定公众的情绪，也影响着政府的公信力。

（三）网络舆情演化爆发期应加强政民互动，精准推送信息

在网络舆情的爆发期，公众对于信息的需求

增大，舆情影响力达到峰值，影响范围扩大。这一时期是突发公共卫生事件发生的敏感期，也是多数媒体关注的焦点期。公众每天都能从不同媒体接收到海量信息，信息同质化程度过高。因此，政务微博必须加强信息整合功能，在多级联动的基础上实现信息精准推送，建立多层次的信息发布体系，整合信息资源，及时有效地发布信息，以便在第一时间内传递公众所需要的信息。

政务微博作为政务新媒体的重要组成部分，更多体现其服务与互动的功能，有责任及时回应社会关切，占领舆论高地，防止网络谣言的肆意传播。在实际运行过程中，政务工作人员需要转变观念，融入新媒体时代，杜绝只开设账号却不及时更新微博内容、不回复留言的现象。信息发布是基础，政务微博的账号管理人员应当及时关注公众的反应，重视公众反馈，安抚公众情绪，迅速予以解答，形成良好的互动氛围，从而加强舆情管理。

（四）网络舆情演化消退期应创新内容传送形式

在网络舆情的消退期，公众对于事件的关注度逐渐减少，对大量信息接收疲劳，这时政务微博需要注意表达方式，在采用轻松愉悦的文字和态度拉近政府与公众距离的同时，利用多种表达方式吸引公众对于官方信息的关注度，用公众喜闻乐见的形式传达易于接收的信息。政务微博在文本内容的传达中需要多考虑微博使用主体的受众构成特征，可参考影响力较大的微博账号的语言风格和内容输送形式，使表达方式更具"生动性"和"年轻化"，在此基础上减少更新非必要的相关事件进展，更多侧重引导舆论关注复工复产复学，帮助公众平稳过渡到正常的生活秩序阶段。

参考文献

[1] 中华人民共和国中央人民政府.突发公共卫生事件应急条例[EB/OL].(2011-01-08)[2020-04-06]. http://www.gov.cn/gongbao/content/2011/content_1860801.htm.

[2] 中国互联网络信息中心.第44次《中国互联网络发展状况统计报告》[R/OL](2019-08-30)[2020-04-06]. http://www.cac.gov.cn/2019-08/30/c_1124938750.htm.

[3] 人民网舆情数据中心.2019年政务指数·微博影响力报告[R/OL].(2020-01-17)[2020-04-06]. http://www.sohu.com/a/367459128_114731.

[4] 崔鹏，张巍，何毅，等.突发公共事件网络舆情演化及政府应对能力研究[J].现代情报，2018，38(2)：75-83，95.

[5] 李紫薇，邢云菲.新媒体环境下突发事件网络舆情话题演进规律研究：以新浪微博"九寨沟地震"话题为例[J].情报科学，2017，35(12)：39-44，167.

[6] 曹武军，陈秦秀，薛朝改.重大疫情网络舆情防控策略研究[J].情报杂志，2020，39(10)：107-114.

[7] 胡峰.重大疫情网络舆情演变机理及跨界治理研究：基于"四点四阶段"演化模型[J].情报理论与实践，2020，43(6)：23-29，55.

[8] 李志宏，何济乐，吴鹏飞.突发性公共危机信息传播模式的时段性特征及管理对策[J].图书情报工作，2007，51(10)：88-91，99.

[9] 聂峰英，张旸.移动社交网络舆情预警指标体系构建[J].情报理论与实践，2015，38(12)：64-67.

Research on Public Opinion Management of Government Microblog in Public Health Emergencies: Based on the Empirical Analysis of "Wuhan Release"

Huang Ziyi

Abstract: Government affairs Weibo is a new form to guide public opinion under the background of construction of the service-oriented government and innovative network application in our country, and is an important part of public opinion management. Taking "Wuhan Publish", one of the most influential and representative government affairs microblog in Wuhan, which is severely affected by COVID-19, as an example, this paper makes an empirical analysis of the response performance of "Wuhan Publish" government affairs microblog to Internet public opinion in two dimensions of time and text content during the spread of novel coronavirus by using the four-stage theory of evolution of Internet public opinion: incubation period, growth period, outbreak period and extinction period. Explore the public opinion management mechanism of government Weibo in public health emergencies, and try to put forward an optimization path to improve the management of public opinion, so as to provide referable experience for government Weibo to improve its ability to respond to public opinion.

Keywords: government affairs microblog; public health emergencies; public opinion management

城市公共安全感研究综述

胡兴月

摘要：随着经济的发展和城市化的推进，城市在规模、数量、人口和功能日益扩大的同时，其运行系统和安全管理也日益复杂。城市公共安全感是衡量城市公共安全状况、评价政府公共安全治理成效的重要指标。已有研究从城市公共安全感的测评和影响因素等方面着手，为提升城市公共安全感提出了建议，但尚未有相关的文献综述研究。基于此，本文从城市公共安全感的基本概念、测量与评价、影响因素及作用机制等四个方面对现有文献进行了系统综述，并从清晰的概念界定、精准的信息采集、多学科的综合研究三个方面提出下一步研究的建议。

关键词：公共安全感；影响因素；研究综述

一、引言

城市的快速发展，在推动社会进步的同时，也带来了诸多问题。随着城市规模、人口、数量以及功能的日益扩大，城市运行系统日益复杂，安全风险也不断增大，城市安全保障任务日益繁重。尤其是近年来诸如"上海外滩踩踏事件""天津滨海新区爆炸事件""重庆公交车坠江事件"等公共安全事件的频发，城市公共安全问题日益成为公众关注的焦点，也正逐渐被提升到政府的议事日程中。

城市公共安全感是安全感的外延，是衡量城市公共安全状况、评价政府公共安全治理成效的重要指标[1]，提高城市公共安全感对于城市风险治理具有重要作用。目前，关于安全感的研究主要分为两类，一类是以马斯洛等为代表，将安全感视为一种心理活动，这类安全感的研究基于个体的心理安全感；另一类研究主要关注公共安全领域的安全感，以社会治安安全为核心，将安全感定义为居民对社会治安状况的主观感受和评价。国外学者基于语境差异，在涉及与安全感相关的概念时，常以"对犯罪的恐惧"一词出现。本文所提及的城市公共安全感，是针对后者而言的，主要针对城市公共安全领域，涉及的安全感内容包含治安安全感、社会安全感以及公众安全感等相关概念。目前，有关城市公共安全感的研究已经有了一定的成果，但是尚未有相关文献综述研究。为此，本文通过检索中国知网（CNKI）和 Web of Science 数据库，对现有文献进行统计研究。通过对这些文献进行归纳分析，探寻城市公共安全感的研究现状，并试图提出未来研究的方向和思路，以期为城市公共安全感研究提供参考。

二、方法与数据来源

根据研究目的，本文设计了两个阶段的文献综述研究方案，见图 1。

阶段一的主要任务是文献收集与选择。其中，中文文献以中国知网作为检索媒介，关键词包括"公众安全感""公共安全感""居民安全感""治安安全感""社会安全感"和"城市"。外文文献以 Web of Science 为检索媒介，以"feeling * of * safety" "feeling * of * security" "perception * of * safety" "perception * of * security" "sense of * security" "sense of * safety" "fear of crime"和"urban"为主题词进行检索。为保证文献的质量，在中国知网中通过高级检索，选择核心期刊及以上文献，在 Web of Science 数据库中选择 SSCI 子

作者简介：胡兴月（1999—），女，江西上饶人，中国矿业大学公共管理学院（应急管理学院）行政管理专业 2018 级本科生，研究方向为行政管理。

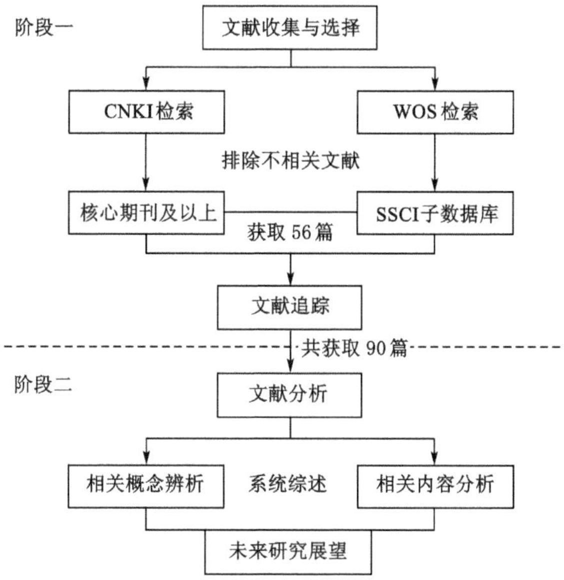

图 1 文献综述研究方案

数据库进行检索。通过文献标题及摘要阅读，选取与城市公共安全感相关的文献，初步获取 56 篇文献。由于检索到的文献有限，因此通过“滚雪球”的方式(查看参考文献以及参考文献的参考文献)，对检索到的文献进行文献追踪。通过一轮的检索和二轮的文献补充，最终共获取文献 90 篇。

阶段二的主要任务是运用系统综述的方法，对收集到的文献进行系统综述。首先，了解该领域的相关概念，分析公众安全感、公共安全感、社会安全感和治安安全感以及“fear of crime”等概念的区别与联系，从而确定城市公共安全感的内涵与外延；其次，分析城市公共安全感的相关内容，包括城市公共安全感的测量与评价、城市公共安全感的影响因素及其作用机制；最后，根据分析与讨论，提出未来的研究展望。

三、城市公共安全感的相关概念

目前，已有文献对公共安全感概念的提及并不多，国内众多学者在研究时，多使用与公共安全感相关的“治安安全感”“社会安全感”“公众安全感”等概念。国外学者在涉及与公共安全感相关概念时，多以“fear of crime”为主，即对犯罪的恐惧。笔者在阅读整理文献的基础上，对国内外关于公共安全感概念的研究进行了分类，如表 1 所示。

表 1 公共安全感概念的相关文献梳理

研究类别	研究视角	研究内容
公共安全感的定义	关注社会治安的狭义层面	将公共安全感界定为以治安安全感为主体概念的安全感，是居民对社会治安状况的主观感受和评价[2]；将公共安全感定义为人们对成为受害者的焦虑和担忧的程度[3]
	关注包含社会治安的更广泛因素的广义层面	影响人们公共安全感的因素不仅包括社会治安，还包括自然灾害、军事战争、疾病传播、食品安全、信用经济、社会政策、人际关系等各种因素[4]

国内外学者对公共安全感的研究，主要分为两类，一类是基于社会治安角度，关注的是与社会治安安全相关的狭义层面的公共安全感。如国外学者在涉及与公共安全感相关的研究时，将安全感定义为公众对犯罪的恐惧(fear of crime)所引起的在公民个体层面产生的焦虑、害怕等情绪和反应[3,5]，其研究领域集中在犯罪学。我国学者在涉及与社会治安安全感相关的研究时，将其作为一个综合指标，认为其不仅受到犯罪因素的影响，同时还受到治安管理秩序和治安救助因素的影响[6]。因此，将公共安全感定义为公民对社会治安状况的主观感受和评价，是公民在一定时期内的社会生活中对人身、财产等合法权益受到侵害和保护程度的综合的心态反应[7]。二类是包含社会治安安全感在内的，更为广泛层面的安全感，涉及公共安全领域的方方面面。随着对公共安全感研究的不断深入，有学者提出，从社会治安状况角度评价公共安全感存在一定的局限性，影响公共安全感的因素涉及社会治安、自然灾害、生态环境、公共卫生等在内的更广泛的领域。基于此，赵玲等[8]将公共安全感界定为与公众日常生活、社会环境和政府公共管理能力密切相关，公众对其人身或财产权益受到或者可能受到侵害和保护程度的主观感受和评价，是一定阶段内公共服务应该覆盖的最小范围和边界的安全服务所提供的确定感。

四、城市公共安全感的测量与评价

国内外学者对公共安全感的测量与评价经历了一个不断发展和优化的过程，笔者主要从针对治安安全领域的公共安全感测量和包含社会治安安全在内的更加广泛领域的公共安全感的测量两个方面出发对相关文献进行梳理，结果如表 2 所示。值得注意的是，国内外学者对于公共安全感的测量虽然取得了很大的进展，但在测量和评价方面尚未形成一致的标准，在测量方法以及测量的指标方面仍有改进空间。如存在测量工具能否有效地测量出人们的安全感强度，问卷题目的设置和量表尺度的设置是否会诱导人们降低安全感，即是否存在测量的安全感与实际感受到的安全感不符的现象等问题。

表 2　城市公共安全感的测量与评价相关文献梳理

研究类别	研究视角	研究内容
针对社会治安的城市公共安全感测量与评价	测量方法	提出运用封闭式和开放式两类问题来对安全感的测量方法加以调整[9]；通过文献查询确定维度，采用李克特量表评估和结构方程模型验证，得到一种新的不安全感评估量表，用来考察个体因素和生态因素对与犯罪恐惧有关的公共安全感的影响[10]
	测量指标	在传统的"夜晚出行感到不安全"指标的基础上，增加了"对犯罪的担忧程度"和"对邻里、社区安全更全面的评估"指标[11]；通过盗窃、欺诈、殴打、抢劫等被侵犯的指标来评价公共安全感[12]；探寻社区因素[13]、社会经济因素[14]等对犯罪恐惧感的影响；以社会治安秩序为视角，构建了四个层次、三个子系统的公众安全感评价指标体系[15]；利用主成分分析法衡量测评地区的综合治安水平，构建了公众安全感的评价指标体系[16]；围绕公众安全感，设立包含社会治安综合评价、执法公正情况评价、对公安工作的满意程度、敢于作证的比重、敢走夜路等五个一级指标[17]
包含社会治安安全的更广泛的城市公共安全感测量与评价	测量指标	将城市居民的安全感分为家庭安全感、社会安全感、饮食安全感和人身安全感等四个因子[18]
	评价模型	运用熵权 TOPSIS 法和大安全观的指标体系对城市公共安全感进行测算与评价，探索更加客观的评价方法和更全面的评价指标体系[1]；运用组合赋权法和灰色关联分析的评价模型，基于城市自然、生态、卫生、食品、交通、公共设施、治安、社会保障和信息等九个方面构建了城市公共安全感评价指标体系，评析了我国城市公共安全感情况[19]

（一）针对社会治安安全的城市公共安全感测量与评价

就城市公共安全感的测量而言，早期学者主要针对社会治安安全方面进行测量。如 20 世纪 70 年代初，美国就犯罪的恐惧感展开了大规模的研究，测量内容主要集中于犯罪学领域，而在犯罪调查中常使用"夜晚出行感到不安全"作为测量安全感的指标。国内较有影响的研究是 1988 年公安部公共安全研究所主持的"公众安全感指标研究与评价"，该评价体系主要由五个方面的因素组成：社会治安综合评价、执法公正情况评价、对公安工作的满意程度、敢于作证的比重、敢走夜路的比重。[20] 此外，基于早期测量指标的局限，许多学者开始探索公共安全感测量指标的优化路径。如从 20 世纪 80 年代中期到 20 世纪 90 年代早期开始，研究人员开始针对特定问题，询问受访者是否害怕或担心特定的犯罪行为，如入室盗窃、袭击等行为，这种方法让研究人员能够厘清其他结构对特定类型受害者恐惧的影响。[21] 此外，Ferraro 等[22] 从公共安全感具体测量对象、方法、问题设置等方面提出优化建议。彭霄[23] 针对城市治安安全感调查分析，提出在数据分析时，突出重点指标，剔除影响因素以优化城市治安安全感调查分析方法。随着测量方式的不断改进，许多学者逐渐突破传统测量的地理和时间限制，开始针对各种场合测量公共安全感。值得注意的是，国外学者提出在测量公共安全感时，需要注意区分安全感与风险感知的差别，因为不恰当的风险度量会影响调查结果的有效性。

（二）包含社会治安安全的更广泛的城市公共安全感测量与评价

随着对公共安全感研究的不断深入，关于公共安全感测量的内容也从传统的社会治安角度，延伸至公共安全领域的各个方面。对此，学者们提出了许多测量的优化路径，并将更多因素纳入公共安全感测量中。例如，张玉春[4] 构建了包括社会治安和公共安全、经济安全、政府保障、环境安全和个人心理素质等五个方面内容的居民安全感评价指标体系。高星[24] 通过选取安全社区评审中的"居民安全满意度"指标，运用多种方法与手段，建立以调查问卷及运算规则为基础的居民安全感指数评价模型，其指标体系包含治安、交通、经济、环境等多个要素。王松华等[25]、赵玲等[26] 尝试构建以脆弱性为切入视角的城市公众安全感评价体系，对创新指标和选择评价方法进行优化路径探讨，从城市发展中的各种脆弱因素和公众对这些不安全因素的感知入手，构建了全面、整合的公众安全感评价体系。

另外，随着信息技术的不断发展，有关信息安全的公共安全感越来越受到人们的关注，但与信息安全和网络犯罪引起的恐惧感[27]有关的研究尚且不充分。因此，有必要对这一方面的内容进行更加深入的研究。

五、城市公共安全感的影响因素

城市公共安全感的影响因素研究与其测量密切相关，对影响因素的研究，是全面、科学构建安全感测量指标的前提。国内外学者关于公共安全感影响因素的研究主要从个体层面和社会层面进行分析。在具体分析时，通过指标构建进行问卷编制，并通过问卷数据收集和分析，研究影响公共安全感的因素。值得注意的是，有关城市公共安全感的影响因素研究，不同学者的研究结论不一而同，针对同一影响因素的研究有时亦会出现截然相反的结论，其中的偏差，或由于研究样本所致，或由于研究方法所致。因此，关于城市公共安全感的影响因素研究，需要进一步精细化。

（一）个体层面

关于个体因素的研究，学者主要基于人口统计学相关变量进行探究，涉及性别、年龄、种族、收入、职业、教育水平、户口、受害经历以及心理特征等因素，如表 3 所示。

表 3　城市公共安全感个体层面影响因素相关文献梳理

研究类别	研究视角	研究内容
个体特征	性别、年龄、种族、收入、职业、教育水平、户口、受害经历	儿童、老年人、妇女和低收入家庭居民的安全最易受到威胁[28]；外来人口、陌生人会对个体安全感产生影响[29]；实证分析结果表明，城市公众安全感与收入水平呈现正相关关系，而性别、职业、文化程度未通过显著性检验[30]；公共安全感除了受到社会稳定性、社会治安状况等社会环境因素的影响之外，也受到生活环境因素和性别、年龄、受教育程度、身体状况和社会经济地位等个体因素的影响[31]；客观测量的受害概率，甚至受害的实际经历，与个人对自身风险的恐惧或估计之间关系不大[32]
	心理特征	城市居民安全感与人们的社会心理安全状况密切相关[33]；采用横截面数据分析得出新加坡居民对犯罪的恐惧与新加坡老年人的孤独感呈正相关[34]；身心健康状况会对个体安全感产生显著影响[35]

关于个体层面影响因素的研究，学者们得出的结论各有不同。国外学者通过实证研究，发现老年人有更高的不安全感[36]，在与犯罪有关的公共安全感上女性公共安全感较低而男性较高[37-40]。也有学者指出性别、文化程度影响公共安全感，但收入与主观阶层认同对公共安全感的影响不显著[41]，尉建文等研究指出，年龄、健康状况与公众安全感呈正相关关系，职业、教育水平和收入等因素作用不显著[18]。

此外，国外学者针对不同种族对公共安全感进行研究，研究结论也各有不同。流动人口问题是学者关注的影响公共安全感的因素之一，邹湘江等[41]经过实证研究发现相比较流动人口，非流动人口对所在的社区安全感更高，而流动人口更没有安全感。还有学者基于中国特定的文化背景，研究户口对犯罪恐惧所引起的公共安全感的影响，研究得出，户口身份影响个人对邻里状况的感知，进而导致对犯罪恐惧感的变化[42]。值得注意的是，国外学者指出，关于个体层面的因素对于公共安全感的影响同时受到其他因素的影响。如老年人比年轻人的公共安全感要低，但除了年龄特征外，还受到其他因素的影响，如感知的风险、性别和社会经济地位等[32,43,44]。

（二）社会层面

关于社会层面的影响因素研究，学者早期主要关注社会治安方面的影响，随着研究的深入，学者开始关注社会治安以外的社会环境因素。值得注意的是，影响公共安全感的因素往往与其他因素共同作用，因此，对于城市公共安全感影响因素的研究，需要注意研究中其他因素的干扰。笔者主要从居住环境、社会治安及各类公共安全事件、信息传播和政府作为等四个方面对城市公共安全感社会层面影响因素相关文献进行梳理，见表 4。

1. 居住环境

已有研究表明，居住环境特征会对居民安全感产生影响，但这种影响还受到其他因素的调节。就居住环境中的社会关系而言，有研究指出，在高犯罪率的社区，社会资本可以被动员起来，维护社区的公共安全，从而增强居民的安全感[54]。Wood等[55]研究指出，社会资本和安全感呈正相关，两者相互作用。此外，有学者从物理环境角度研究城市

表 4　城市公共安全感社会层面影响因素相关文献梳理

研究类别	研究视角	研究内容
居住环境	物理环境	从城市建成环境角度探究其对犯罪行为和居住安全感的影响，研究发现，社区出入控制、人口活动密集、城市功能集中、可渗透性较好的开放性空间对增进居住安全感具有正面影响[45]；从微观角度研究公共空间照明对安全感的影响[46]
	社会关系	基于在米兰、那不勒斯、罗马等地收集的调查数据，采用结构方程模型研究影响个人不安全感的因素，研究表明感知到的邻里混乱、社区不满以及社会排斥与居民对犯罪的恐惧引起的不安全感相关[47]；城市化发展对居民安全感产生了负面影响，而导向机制是对农村进城务工人员缺乏社会信任感[48]
社会治安及各类公共安全事件	社会治安	社会治安状况、立体化治安防控体系及效果影响公共安全感[49]；社会治安秩序混乱、惩治犯罪的效果、警务活动效能降低、社会防范监督机制削弱等影响社会治安安全[17]
	各类公共安全事件	各类公共安全事件频繁暴发，破坏了人们原有的安全感[50]
信息传播	信息内容获取	突发事件下，公众对权威信息的依赖性更强，更多地公开信息，及时进行事实供给和答疑解惑，才能让公众获得信息安全感[51]
	信息传播媒介	影视报刊等媒体的报道与公众安全感显著相关，如媒体对于情节较为恶劣的踩踏事件、单位失火事件的报道极易导致公众恐惧感的增加[30]
政府作为	政府能力	政府与媒体的应对能力影响着公共安全感[52]；基于社区认同理论的框架进行分析，得到的量化结果表明，社区安全管理功能认同与社区居民生活质量认同对社区居民安全感具有显著影响[53]
	警民关系	基于序次 Logistic 回归模型的实证研究发现，警民信任是影响居民安全感的重要因素。居民对警察的工作效能信任和执法规范化信任均对居民的安全感有显著的影响[41]
	政府政策	通过层次分析法分析发现，对犯罪的不安全感与国家社会支出水平和社会福利政策的去货币化之间有着密切的关系。较高的社会支出与较低的犯罪恐惧相关联；随着社会福利政策的高度去货币化，与犯罪有关的不安全感也随之降低[14]

市建筑环境对城市居民公共安全感的影响，值得注意的是，这种影响受到社会网络关系的调节作用。如张延吉等[56]通过多层线性模型分析中国城市建成环境对居住安全感的影响。研究发现，城市建成环境在拥有较强社区凝聚力、居民构成较为同质的社区内，高密度、混合型、密路网所提供的“街道眼”能够起到提高居住安全感的作用，而由“熟人”构成的社区公共空间也能显著增加居住安全感。Maruthaveeran 等[57]从城市物理景观角度出发，系统地回顾了在城市绿地中引起犯罪恐惧的因素，并通过采用一个社会生态框架来突出这些属性之间复杂的相互作用。研究强调，尽管环境因素，如植被特征、密度和维护，对犯罪恐惧所引起的安全感很重要，但需要意识到这些因素本身并不引起恐惧。相反，恐惧是由环境与其他因素（如个人、社会）相互作用引起的。此外，还有学者研究城市的开放程度对城市公共安全感的影响，如王大为等[20]通过调查北京市、重庆市和广州市三个城市的公共安全感，研究得出城市居民社会安全感与城市的开放程度之间并无直接的关系。

2. 社会治安及各类公共安全事件

人们对城市生存空间安全感的判断受到多种因素的影响，其中社会治安状况是影响公共安全感的直接因素。国内外许多学者研究得出，社会治安是影响公共安全感的主要因素。如王大为等[20]研究发现，社会安全感受许多复杂因素的影响，但最主要的影响因素是社会治安状况，刑事犯罪发案率等。此外，影响公共安全感的因素里交通事故和火灾都占不小的比例。李泓臻等[58]通过问卷调查，获取长三角地区城市居民公共安全感现状，研究发现，社会治安、城市生态、食品卫生等因素对长三角城市居民公共安全感存在不同程度的影响。

3. 信息传播

研究发现，媒体的报道对公共安全感有一定的影响。一方面，媒体传播的信息的真实与否影响公众的恐慌心理。媒体平台制造的流言极易得到传播。对此，郭少华[33]指出，公众关切度越高，流言传播的流量就越大，对居民安全影响的深度和广度就越大，反之则越小；如果权威机构相关信息发布越及时、透明，越有利于遏制流言的传播，也有利于缩减对居民安全感的影响。另一方面，媒体具有网络放大效应，Heath 等[59]研究发现公众只对官方统计的罕见事件感到恐惧，但对身边更可能发生的事件却不恐惧。马亮[60]通过实证分析，指出媒体披露对居民食品安全感呈显著负向影响。吴克昌等[30]研究指出，公共安全感受到大众媒体的报道的影响，并提出应当利用大众媒体传播“正能量”。

4. 政府作为

风险社会背景下政府如何作为、敢不敢作为以及是否有足够的能力作为等影响着公共安全感。对此，有学者提出政府自身应对危机的能力影响居民的信任，进而影响公共安全感。陆明等[61]运用德尔菲法及 SPSS 统计分析法，研究发现治安人力资源投入、公共安全管理服务水平和安全基础设施配置这三个影响因素与居民公共安全感的相关性较强。此外，与政府治安能力相关的警民关系、警务能力的研究是国内外学者集中关注的影响因素。Chrismas[62]分析了当地的社区警务问题，认为“警民关系紧张”是造成恐惧感的主要因素。公安部公安发展战略研究所城市警务研究中心东北分中心课题组[2]通过由公共场所安全感、居住区安全感、学校单位安全感、警民关系、警务满意度、警察形象树立等六个量表构成的调查问卷发现，警民关系、警务满意度、警察形象树立对居民公共安全感有重要影响。另外，有学者从宏观政策角度研究政府相关政策对公共安全感的影响。王鼎[63]提出公共财政支出效率的优化能够提升居民安全感。

六、城市公共安全感的作用机制

对城市公共安全感作用机制的研究较少，且主要体现在公众心理反应层面和公众行为表现层面。

（一）公众心理反应层面的作用机制

研究表明，公共安全感对人们的心理健康有着重要影响。Hale[32]认为，与犯罪的恐惧有关的不安全感会产生有害的心理影响。Bennett 等[64]认为，感到不安全可能会削弱人们积极锻炼身体的信心。Lorenc 等[65]在构建犯罪与犯罪恐惧、社会环境和建筑环境以及健康和福祉之间联系的理论和因果路径时，提出了对犯罪的恐惧所引发或表达的焦虑可能会对心理健康产生影响这一解释路径。

（二）公众行为表现层面的作用机制

研究认为，较低的公共安全感可能会引起回避行为和保护性行为。Shinew 等[66]通过调查当地青少年对犯罪的恐惧所引起的不安全感与体育活动参与和户外娱乐之间的关系得出，对犯罪的恐惧与较低的体力活动和户外娱乐有关，即恐惧限制了人们参与户外娱乐活动。在保护性行为方面，Henson 等[21]认为由于受犯罪的恐惧所引起的不安全感驱动，保护性行为通过加强对自己的保护来避免受害，如学习自卫、安装额外的锁或安全装置，或携带武器。

城市公共安全感作用机制相关文献梳理，见表 5。

表 5　城市公共安全感作用机制相关文献梳理

研究类别	研究视角	研究内容
公众心理反应作用机制	公众自身层面	与犯罪恐惧感有关的不安全感会使人们感到害怕，影响人们对某一区域内生活和工作的满意度；加大了人们的心理压力，造成在某一区域生活和工作的持续负担；被侵害经历会造成紧张，且研究表明犯罪现象会引起人们对犯罪的焦虑感[67]；通过研究发现，公共安全感作为中介变量，在城市融入对生活满意度的影响强度上，因社会安全感知的高低而异，社会安全感越低，城市融入对农民工生活满意度的影响作用越大[68]
	公众对政府层面	对犯罪的恐惧感导致对政府的消极态度[67]；社会公平感和社会安全感影响基层政府评价[69]
公众行为表现作用机制	保护性行为	通过保护性行为加强对自身的保护以避免受害
	回避性行为	对犯罪恐惧感引起的不安全感限制了人们参与户外娱乐活动[67]；由犯罪恐惧感引起的不安全感会促使居民搬离特定区域，造成该区域商业往来减少、工作机会减少、地方政府的税收减少[70]

七、研究展望

城市公共安全感的研究文献主要集中在城市公共安全感的概念、测量与评价、影响因素以及城市公共安全感的作用机制方面。现对未来研究提出以下三点展望。

（一）清晰的概念界定

目前的研究尚未对城市公共安全感形成较为一致的概念界定，学者在研究时出现“治安安全感”“公众安全感”“社会安全感”和“公共安全感”混用的情况，而上述几种概念既有重合之处，也有各自的特点，不同的概念体现学者不同的研究角度和范围。因此，适当地把握公共安全感的概念，便于明晰研究的内容和范围。

（二）精细的信息采集

对于城市公共安全感的测量，学者一方面着手指标体系的制定，另一方面通过问卷调查测评公共安全感及其影响因素，但在数据信息采集上，存在一些问题。从指标体系上来说，目前的研究尚未形成完整的指标体系，学者基于不同的研究角度，通过查阅文献、专家咨询等方法制定指标体系，但存在指标是否能够全面反映公共安全感以及公共安全感评分制定是否合理等问题。从具体测量上来说，目前对城市公共安全感的测评主要通过问卷调查的方法，学者依据制定的指标，通过问卷收集数据并分析，但在收集问卷时，存在调查方法和样本数量方面的问题，调查得出的数据可能缺乏客观性和公正性等。因此，需要进一步对城市公共安全感评价进行定量化。国外有学者将环境感知技术与地理信息技术结合[71]，通过技术的应用，精准采集信息，构建公共安全感的空间分布状况，从而更加客观地了解城市公共安全感状况。

（三）多学科的综合研究

多学科的交叉融合可以推动研究的综合发展。关于公共安全感的研究，目前多偏向于犯罪学和社会治安角度，而与社会学、公共管理学等学科之间的研究还比较薄弱。然而，城市公共安全感问题涉及公共安全领域的各个方面，如生态安全、食品安全、公共卫生安全、社会保障安全等方面。因此，需要进一步拓展公共安全领域的研究范围，加强公共安全感研究的理论系统性和多学科交叉性，以回应公众对公共安全的新要求和城市发展的动态变化，为城市的安全管理提供更多政策选择。

参考文献

[1] 庆文，王义保. 基于熵权 TOPSIS 法的我国城市公共安全感指数评价[J]. 数学的实践与认识，2018，48(24)：126-133.

[2] 公安部公安发展战略研究所城市警务研究中心东北分中心课题组. 基于居民安全感改善的城市警务改革研究[J]. 中国人民公安大学学报(社会科学版)，2020，36(4)：105-117.

[3] SUNDEEN R A，MATHIEU J T. The fear of crime and its consequences among elderly in three urban communities[J]. The gerontologist，1976，16(3)：211-219.

[4] 张玉春. 北京市居民安全感指数的编制[J]. 首都经济贸易大学学报，2007，9(2)：115-117.

[5] FERRARO K F，GRANGE R L. The measurement of fear of crime[J]. Sociological inquiry，1987，57(1)：70-97.

[6] 梁乃文，王小燕，侯振挺，等. 湖南省公众安全感调查问卷及其与信度和效度分析[J]. 数理统计与管理，2012，31(6)：1039-1048.

[7] 王智民，郭证. 我国公众安全感现状及其对比分析[J]. 社会学研究，1992，7(3)：87-91.

[8] 赵玲，陈家华，王凯民. 公共安全问题与公共安全感：基于上海市民公共安全感调查的研究[M]. 上海：上海三联书店，2015.

[9] FARRALL S，BANNISTER J，DITTON J，et al. Questioning the measurement of the 'fear of crime'：findings from a major methodological study[J]. The British journal of criminology，1997，37(4)：658-679.

[10] FERRETTI F，POZZA A，COLUCCIA A. Urban safety：a re-reading of the sense of unsafety through individual and ecological dimensions[J]. European journal of criminology，2019，16(2)：188-209.

[11] KANAN J W，PRUITT M V. Modeling fear of crime and perceived victimization risk：the(in)significance of neighborhood integration[J]. Sociological inquiry，2002，72(4)：527-548.

[12] WARR M. Fear of crime in the United States：avenues for research and policy[J]. Criminal justice，2000，4(4)：451-489.

[13] ROUNTREE P W，LAND K C. Perceived risk versus fear of crime：empirical evidence of conceptually distinct reactions in survey data[J]. Social forces，1996，74(4)：1353-1376.

[14] HUMMELSHEIM D，HIRTENLEHNER H，JACKSON J，et al. Social insecurities and fear of crime：a cross-national study on the impact of welfare state policies on crime-related anxieties[J]. European sociological

review,2011,27(3):327-345.

[15] 王娟.公众安全感指标体系的构建与评价方法研究:以社会治安秩序为视角[J].政法学刊,2009,26(5):104-107.

[16] 仓平,严文斌.公众安全感测评体系及实证研究[J].石家庄经济学院学报,2011,34(3):89-93.

[17] 刘朝捷.试论公众安全感指标调查[J].武汉公安干部学院学报,2009,23(3):63-65.

[18] 尉建文,阮明阳.中国城市居民安全感的实证研究:基于北京、郑州和昆明三城市的调查[J].北京工业大学学报(社会科学版),2011,11(6):1-7,13.

[19] 王义保,杨婷惠,王世达.基于组合赋权和灰色关联的城市公共安全感评价[J].统计与决策,2019,35(18):45-50.

[20] 王大为,张潘仕,王俊秀.中国居民社会安全感调查[J].统计研究,2002,19(9):23-29.

[21] HENSON B,REYNS B W. The only thing we have to fear is fear itself … and crime:the current state of the fear of crime literature and where it should go next[J]. Sociology compass,2015,9(2):91-103.

[22] FERRARO K F. Fear of crime:interpreting victimization risk[M]. Albany:State University of New York Press,1995.

[23] 彭霄.城市治安安全感调查数据分析及调查方法优化[J].中国人民公安大学学报(社会科学版),2016,32(2):149-156.

[24] 高星.安全社区中居民安全感测量方法研究[J].中国安全科学学报,2011,21(9):152-158.

[25] 王松华,赵玲.城市公众安全评价体系建设的路径选择[J].复旦学报(社会科学版),2015,57(5):163-168.

[26] 赵玲,王松华,王晓楠.以城市脆弱性因素为基础的公众安全感评价研究[J].杭州师范大学学报(社会科学版),2014,36(2):125-130.

[27] HENSON B,REYNS B W,FISHER B S,et al. Fear of crime online? examining the effect of risk,previous victimization,and exposure on fear of online interpersonal victimization[J]. Journal of contemporary criminal justice,2013,29(4):475-497.

[28] ABDULLAH A,MARZBALI M H,WOOLLEY H,et al. Testing for individual factors for the fear of crime using a multiple indicator-multiple cause model[J]. European journal on criminal policy and research,2014,20(1):1-22.

[29] WILCOX P,QUISENBERRY N,JONES S. The built environment and community crime risk interpretation[J]. Journal of research in crime and delinquency,2003,40(3):322-345.

[30] 吴克昌,王珂.城市公众安全感的影响因素研究:以海口市M区为例[J].广州大学学报(社会科学版),2016,15(8):24-30.

[31] 王俊秀.面对风险:公众安全感研究[J].社会,2008,28(4):206-221,227.

[32] HALE C. Fear of Crime:a review of the literature[J]. International review of victimology,1996,4(2):79-150.

[33] 郭少华.风险社会背景下城市居民安全感提升研究[J].国家行政学院学报,2013(5):92-96.

[34] LEE J M L,ANG S,CHAN A. Fear of crime is associated with loneliness among older adults in Singapore:gender and ethnic differences[J]. Health & social care in the community,2021,29(5):1339-1348.

[35] LORENC T,CLAYTON S,NEARY D,et al. Crime,fear of crime,environment,and mental health and wellbeing:mapping review of theories and causal pathways[J]. Health & place,2012,18(4):757-765.

[36] PARKER K D,RAY M C. Fear of crime:an assessment of related factors[J]. Sociological spectrum,1990,10(1):29-40.

[37] SCHAFER J A,HUEBNER B M,BYNUM T S. Fear of crime and criminal victimization:gender-based contrasts[J]. Journal of criminal justice,2006,34(3):285-301.

[38] OUALI L A B,GRAHAM D J,BARRON A,et al. Gender differences in the perception of safety in public transport[J]. Journal of the royal statistical society series A:statistics in society,2020,183(3):737-769.

[39] RIŠOVÁ K,MADAIOVÁ M S. Gender differences in a walking environment safety perception:a case study in a small town of Banská Bystrica (Slovakia)[J]. Journal of transport geography,2020,85:102723-1-8.

[40] CHOWDHURY S,VAN WEE B. Examining women's perception of safety during waiting times at public transport terminals[J]. Transport policy,2020,94:102-108.

[41] 邹湘江,齐永鑫.警民信任对社区居民安全感影响:基于序次Logistic回归模型的实证研究[J].中国人民公安大学学报(社会科学版),2019,35(1):123-130.

[42] JING F R,LIU L,ZHOU S H,et al. Examining the relationship between Hukou status,perceived neighborhood conditions,and fear of crime in Guangzhou,China[J]. Sustainability,2020,12(22):9614.

[43] ACIERNO R, RHEINGOLD A A, RESNICK H S, et al. Predictors of fear of crime in older adults [J]. Journal of anxiety disorders, 2004, 18(3): 385-396.

[44] PANTAZIS C. 'Fear of crime', vulnerability and poverty[J]. The British journal of criminology, 2000, 40(3): 414-436.

[45] 张延吉,秦波,朱春武.北京城市建成环境对犯罪行为和居住安全感的影响[J].地理学报,2019,74(2):238-252.

[46] SVECHKINA A, TROP T, PORTNOV B A. How much lighting is required to feel safe when walking through the streets at night? [J]. Sustainability, 2020, 12(8): 3133.

[47] VALENTE R, VALERA S, GUÀRDIA J. Feeling unsafe in Italy's biggest cities[J]. European Journal of criminology, 2020, 14(4): 849-867.

[48] 周俊山,尹银.城市化对居民安全感的影响[J].城市发展研究,2020,27(4):14-20.

[49] 戴锐,徐同.影响公众安全感的因素及对策[J].人民检察,2014(16):73-74.

[50] 唐斌.流失与重构:政府对公众心理安全感的满足:基于公共安全事件的思考[J].江淮论坛,2010(3):153-156.

[51] 肖珺.全员媒体的信息流动与公众的信息安全感[J].青年记者,2020(6):17-18.

[52] 杨菁,杨梦婷.重大突发事件中公众安全感的影响因素及治理对策研究:基于4·20雅安地震公众安全感的实证分析[J].探索,2016(1):172-179.

[53] 汪伟全,赖天.社区居民安全感影响因素的实证研究:基于上海的调查[J].长白学刊,2020(6):69-77.

[54] FERGUSON K M, MINDEL C H. Modeling fear of crime in Dallas Neighborhoods: a test of social capital theory [J]. Crime & delinquency, 2007, 53(2): 322-349.

[55] WOOD L, SHANNON T, BULSARA M, et al. The anatomy of the safe and social suburb: an exploratory study of the built environment, social capital and residents' perceptions of safety[J]. Health & place, 2008, 14(1): 15-31.

[56] 张延吉,秦波,唐杰.城市建成环境对居住安全感的影响:基于全国278个城市社区的实证分析[J].地理科学,2017,37(9):1318-1325.

[57] MARUTHAVEERAN S, KONIJNENDIJK VAN DEN BOSCH C C K. A socio-ecological exploration of fear of crime in urban green spaces: a systematic review[J]. Urban forestry & urban greening, 2014, 13(1): 1-18.

[58] 李泓臻,王义保.长三角地区城市居民安全感现状及影响因素分析[J].吉首大学学报(社会科学版),2019,40(S1):116-120.

[59] HEATH L, KAVANAGH J, RAETHOMPSON S. Perceived vulner ability and fear of crime: why fear stays high when crime rates drop [J]. Journal of offender rehabilitation, 2001, 33(2): 1-14.

[60] 马亮.新闻媒体披露与公众的食品安全感:中国大城市的实证研究[J].中国行政管理,2015(9):70-77.

[61] 陆明,张岩,刘晓霞,等.社区公共空间安全视角下城市居民安全心理感知研究[J].现代城市研究,2019,34(8):125-130.

[62] CHRISMAS R. The people are the police: building trust with Aboriginal communities in contemporary Canadian society[J]. Canadian public administration, 2012, 55(3): 451-470.

[63] 王鼎.服务居民安全感提升目标的公共财政支出效率优化[J].求索,2013(3):252-254.

[64] BENNETT G G, MCNEILL L H, WOLIN K Y, et al. Safe to walk? Neighborhood safety and physical activity among public housing residents [J]. PLoS medicine, 2007, 4(10): 1599-1607.

[65] LORENC T, CLAYTON S, NEARY D, et al. Crime, fear of crime, environment, and mental health and wellbeing: mapping review of theories and causal pathways[J]. Health & place, 2012, 18(4): 757-765.

[66] SHINEW K J, STODOLSKA M, ROMAN C G, et al. Crime, physical activity and outdoor recreation among Latino adolescents in Chicago [J]. Preventive medicine, 2013, 57(5): 541-544.

[67] 姜兰昱,杨学峰.从因变量到自变量:犯罪恐惧感研究的发展与启示[J].晋阳学刊,2013(6):79-85.

[68] 杨春江,李雯,逯野.农民工收入与工作时间对生活满意度的影响:城市融入与社会安全感的作用[J].农业技术经济,2014(2):36-46.

[69] 朱志玲.矛盾遭遇对基层政府评价的影响:以社会公平感、社会安全感为中介变量[J].华东理工大学学报(社会科学版),2018,33(5):97-109.

[70] STODOLSKA M, SHINEW K J, ACEVEDO J C, et al. "I was born in the hood": fear of crime, outdoor recreation and physical activity among Mexican-American urban adolescents [J]. Leisure sciences, 2013, 35(1): 1-15.

[71] CURTIS J W. Integrating sketch maps with GIS to explore fear of crime in the urban environment: a

review of the past and prospects for the future[J]. Cartography and geographic information science, 2012,39(4):175-186.

Summary of Research on Urban Public Security

Hu Xingyue

Abstract: With the development of economy and the advancement of urbanization, the scale, quantity, population and function of the city are expanding day by day at the same time, its operation system and security management are becoming more and more complex. Urban public security is an important index to measure the status of urban public security and evaluate the effectiveness of government public security governance. Existing studies have put forward suggestions to improve urban public security from the aspects of assessment and influencing factors of urban public security, but there is no relevant literature review. Based on this, this paper systematically reviews the existing literature from the aspects of basic concept, measurement and evaluation, influencing factors and mechanism of urban public security, and puts forward suggestions for further research from three aspects: clear concept definition, accurate information collection and multidisciplinary comprehensive research.

Keywords: public security; influencing factors; research review

2

社会治理

Social Governance

以人民为中心的城市生态治理绩效评估研究

翟军亮　董玥妍

摘要:政府的城市生态治理绩效评估结果与公民满意度往往呈相悖状态。这种状态的根源在于城市生态治理绩效评估尚停留在技术效率或市场性效率层面,其所应有的公共性尚未体现出来,未能体现出以人民为中心的发展思想。随着网络治理的到来,如何促进技术效率或市场性效率与公共性两者间的整合是实现以人民为中心的绩效评估亟待解决的重要问题。本文基于公共价值管理理论构建了城市生态治理绩效评估指标体系,并以江苏省13个地级市的生态治理绩效数据为基础进行了分析。整体上,公共性指标权重开始取得与市场性指标权重分庭抗礼的态势,但还有待进一步加强。这表明城市生态治理绩效开始从以政府满意为目标的评估范式转向以人民满意为目标的评估范式。政府应在经济发展、基础服务、社会保障、环保投入、居民总体满意度等方面采取措施,提高基于公共价值的城市生态治理绩效。

关键词:以人民为中心;公共价值;城市生态;治理绩效;公共安全

"人民对美好生活的向往,就是我们的奋斗目标。"党的十九大将"坚持以人民为中心"确立为新时代坚持和发展中国特色社会主义的基本方略之一,并且提出要"实行最严格的生态环境保护制度,形成绿色发展方式和生活方式,坚定走生产发展、生活富裕、生态良好的文明发展道路,建设美丽中国,为人民创造良好生产生活环境"。2018年国家机构改革中,组建生态环境部,标志着生态治理在现代国家治理体系中的地位进一步上升和以人民为中心的发展思想的进一步落实。概而言之,生态治理绩效应该以是否"为人民创造良好生产生活环境"为依归,应该以人民是否满意为标准,而非单纯以政府性、技术性评估指标为标准。近年来,在公共价值理论的支持下,绩效评估也在探讨如何实现以政府为中心的绩效评估向以人民为中心的绩效评估转型。在理论和实践的双重背景下,本文尝试从绩效评估发展演变规律中寻找思路。本文以新兴起的公共价值管理理论为支撑点,基于江苏省13个地级市的生态治理数据,尝试探讨以人民为中心的城市生态治理绩效评估。

一、从效率到公共价值:绩效评估对以人民为中心的背离与回归

城市生态治理绩效评估是绩效评估理论在城市生态治理领域的实践应用。探讨以人民为中心的城市生态治理绩效评估必须回归到绩效评估理论的发展过程中,必须系统梳理绩效评估的理论演变规律,剖析其核心要素。尽管公共领域的大规模绩效评估开始于新公共管理运动阶段,但是新公共管理阶段之前的公共行政理论与实践已经蕴含了丰富的绩效评估思想。沿着传统公共行政—新公共管理—公共价值管理理论的演变历程,绩效评估的内涵发生了实质性改变。在不断完善技术性效率或市场性效率的同时,公共性和公民的主体作用得到了凸显,如何有效整合两者是未来的主要研究任务与实践中亟须解决的

基金项目:国家社会科学基金青年项目"产业精准扶贫价值链构建及其管理研究"(17CGL067)。

作者简介:翟军亮(1986—),男,河南安阳人,中国矿业大学公共管理学院(应急管理学院)副教授,硕士生导师,管理学博士,研究方向为公共价值与城市公共安全治理;董玥妍(1996—),女,黑龙江穆棱人,哈尔滨工业大学经济与管理学院博士研究生,研究方向为公共管理理论与实践。

难题。

（一）传统公共行政阶段：绩效评估的偏离

传统公共行政中蕴含了丰富的绩效评估思想。首先，绩效评估目标的定位是效率至上。效率至上是指效率被作为最高和最重要的目标。对效率至上价值目标的追求深嵌于公共行政能够成为一门学科的三大理论支柱之中。例如，威尔逊在《行政学之研究》中指出，如何以经济和效率的方式实现既定目标是行政学研究的重要目标之一；泰勒的科学管理理论和韦伯的官僚制理论也是从不同角度来探讨如何实现最高程度的效率这一问题。公共行政学诞生之初所肩负的学科建构任务决定了经济和效率是行政管理的基本目标，这已经成为学界共识。因此，经济和效率也自然而然地成了此阶段绩效评估的目标。其次，传统公共行政注重通过内部控制来实现效率目标。作为传统公共行政三大理论支柱之一的官僚制理论将其重点置于组织内部而非组织外部，聚焦于内部控制机制，主张通过专业分工、职责权限的合理确定、层级节制、非人格化、工作报酬等途径来实现最高程度的效率。传统公共行政模式以内部为定向，具有不考虑外部环境、长期目标或组织未来等局限性。[1]再次，传统公共行政强调按照规章办事的运行机制，即程序化运作机制。因此，对绩效的控制除内部控制外，多通过程序来进行，是否遵循程序是一项基本要求。故，此阶段的效率仅为程序意义上的效率，即更多关注投入，较少关注产出。最后，在前述三者的基础上，传统公共行政排斥公众参与，社会公众难以参与到政府绩效评估过程中去，对绩效评估的实质性参与更是奢谈。这也直接导致了此阶段绩效评估仅仅是政府的“独角戏”，政府而非公民的满意是其归宿，产生了“效率悖论”问题。故，绩效评估的公共性受到了实质性影响，绩效评估的合法性受到了质疑。整体上，此阶段的绩效评估属于初创阶段，各方面虽有萌芽但尚不完善。

（二）新公共管理阶段：绩效评估的有限回归

绩效评估正式兴起于新公共管理阶段，并风靡于全球。新公共管理将“消费者选择”概念引入公共领域，将市场机制嵌入公共管理过程中。此时的绩效目标由传统公共行政阶段的效率至上转变为效率优先，即效率被视为最重要的目标，同时其他目标也融入其中，实现了“效率价值泛化”[2]。同时，新公共管理实现这一价值目标的手段和方法也发生了变化。首先，新公共管理以市场化和管理主义为政策导向，倡导市场化、服务外包、特许经营、委托承包经营、公私合作等市场化途径，目的在于克服传统公共行政因强调内部控制和程序主义所导致的“效率悖论”问题。其次，与市场机制相一致，新公共管理强调结果导向的效率，即绩效目标关注投入、产出的效率，尤其是关注投入产出比。与效率相比，民主等公共价值被放在了次要位置。正如何艳玲所认为的，民主只有在制定最广泛目标的时候才被信任，管理者们更热衷于对技术目标的追求而忽视对政治的回应性。[3]最后，公民以“顾客”身份有限参与绩效评估。世界范围内的改革实践表明，新公共管理运动极大地提高了绩效。但是，这种绩效的提高是建立在牺牲民主等公共价值的基础上进行的，因此也引来了批评。例如，包国宪等学者认为，新公共管理背景下对政府绩效管理“公共性”的忽视、政府绩效管理“合作生产”主体的缺失以及政府绩效管理“可持续性”的缺乏。新公共管理背景下的产出由于缺乏了公共价值建构作为基础，从而使得产出与结果不相一致，即产出不等于绩效。[4]这在一定程度上解释了为什么政府的生态治理绩效评估结果往往与公民的实际感受不一致。

（三）公共价值管理阶段：绩效评估的回归

如果说传统公共行政处于社会管理模式阶段，新公共管理处于管理向治理转型阶段，那么，公共价值管理则以网络治理为基础，实现了对既有公共管理范式的突破。在公共价值阶段，绩效评估形成了多方协同的模式，政府、市场和社会多方主体积极参与，整个过程既关注投入和产出所产生的社会效果，也关注集体偏好，并重新定义了民主与效率关系。具体体现为：① 公共价值管理理论以网络治理为实践基础，这决定了公共价值管理阶段的绩效评估以多元协同参与为根本特征，绩效评估的主体公共性和过程公共性得到了淋漓尽致的体现。公共价值管理范式建立在以对话与交流为特征的网络治理实践基础之上。[5]由于强调对话与交流，绩效评估的过程公共性得以充分展现。同时，这种过程公共性也使得绩效评估标准的构建能够反映社会公众的需求与意愿，即按照社会公众所看重的、认为的有价值的标准来进行评估，有效避免了“效率悖论”的问题。② 绩效评估应该以是否创造公共价值为目标。公共价值管理理论认为公共管理的核心任务是寻找和创造公共价值。[6]③ 公共价值的界定是通过民主过程来实现的，这种民主过程是绩效评估过程公共性得以实现的保障。较之新公共管理理论将公民弱化为“顾客”，让“顾客”象征性地参与绩效评估，公共价值管理理论更强调公众的实质性参与，强调通过表达公共偏好来确定公共价值，并以公共价值来衡量绩效状况。可以看出，基于公共价值的绩效评估在诸多方面实现了质的飞跃。正如包国宪等学者所认为的，基于公共价值的政府绩效管理理论回应于传统公共行政的无效率，也回应于新公共管理的无灵魂，其本质是对符合“政府合法性”和“公民满意”的绩效的治理，由于其在研究对象、环境背景、绩效分析重点等方面都实现了对以往范式的超越，从而使其成了一个新的理论范式。[7]可以看出，公共价值管理理论为建构以人民为中心的城市生态治理绩效评估指标体系奠定了理论基础，但是仍需通过推动其在实践中的应用和实证研究来推动其发展。[8]

二、以人民为中心的城市生态治理绩效指标体系的构建

（一）公共价值管理理论与以人民为中心的城市生态治理绩效

1995 年，哈佛大学马克·莫尔教授在《创造公共价值：公共部门的战略管理》一书中提出了公共价值管理的理念，此后，经过学者和实践者的不断发展，逐步发展为公共价值管理理论。公共价值管理理论的核心内涵是寻求、确定和创造公共价值，并认为公民在公共价值创造中具有核心地位。[6]这为构建以人民为中心的城市生态治理绩效指标体系奠定了理论基础。

公共价值管理理论与以人民为中心的城市生态治理绩效的契合不仅仅是因为场域的契合性，根本原因在于两者所应该秉持的公共性内核。简单而言，公共性是与市场性相对应的一个概念，主要是政府、市场与市民社会等治理主体通过协调合作实现善治的关联属性。[9]城市生态的公共性主要是指生态作为客体的公共物品属性以及政府、市场、社会作为主体的公共协同合作过程中所表现出来的公共性。从载体来看，城市生态的公共性主要体现在生态这种公共产品中，即生态公共产品具有受益的非排他性、效用的不可分割性和消费的非竞争性等特征。当生态环境良好时，社会中的任何成员均可从中受益。当生态灾难来临时，社会中的任何成员均无法独善其身。同时，生态的不可分割性又决定了地域之间、人与人之间的相互联系性。生态所具有的公共物品正外部性和负外部性也决定了城市生态治理的评估标准必须包含公共性。从主体来看，城市生态治理不能仅仅单纯地依赖政府机制或市场机制。管理时代，生态所具有的正外部性导致市场价值在城市生态领域产生失灵现象；生态所具有的负外部性要求政府必须进行规制或供给，同时也意味着政府失灵现象可随时产生。市场失灵和政府失灵问题的困扰、管理向治理的理论与实践发展催生了政府、市场和社会三方的协同需求。在这一协同过程中，公共性突出体现为系统共生、协同共治和持续共享等特质。这些特质保证了政府、市场和市民社会的资源权力分配和制衡，为公共利益实现最大化夯实了坚固的基础。[9]从过程来看，公平、民主、效率、经济性、可持续性也是城市生态治理绩效的应有之义。从最终结果来看，由于生态的目的指向性在于为社会成员提供良好的工作生活环境。因此，对生态绩效的考量必须建立在公民对生态治理效果的满意度基础上。但是在实践中，生态治理绩效标准中公共性所占比重较小，往往侧重对投入产出的考量，如：传统公共行政和新公共管理范式时期的绩效考核，此其一。随着治理时代的来临，如何在城市生态治理绩效中整合主体的多元价值也值得进一步探讨，此其二。例如“APEC 蓝”的产生往往建立在限产限排乃至停产等短暂性措施基础上，往往满足了政府的短暂性需求而难以满足公民的长期需求，如何两者兼得需要深入考虑。从学理上看，如何在城市生态治理绩效中以公共性来整合多元价值亟待研究，此其三。

贝宁顿从超越市场价值的视角对公共价值进行界定，认为公共价值还包括生态、政治、社会和文化等方面的价值[10]。可以看出，较之于市场价值，公共价值是基于公共性建构的价值集合，是对当前市场性、现代性占主导地位的公共管理范式的一种超越。也因此，公共价值管理理论被广泛应用于公共部门绩效、公共采购绩效、结果导向的公共管理、电子政务绩效、医疗改革绩效、公共政策制定、公共部门与网络发展等领域。以此为基础，本文在城市生态治理绩效评估中，不仅引入了对经济、社会、环境方面的考量，更引入了服务对象满意度这一指标，以凸显以人民为中心的发展思想。这也是生态治理过程中公共价值创造的具体体现。生态治理需要政府、市场、社会以及个人多方面的参与，这种多元协同治理模式与公共价值所内含的网络化、公共性不谋而合。公共价值下的绩效治理，可以突破政府垄断与市场失灵的局限，构建一个能够把个人利益集合起来，关注公平、正义、环境和社会弱势群体，增加公共组织的社会利益，从而形成广泛公共利益的治理模式。

（二）指标体系构建

公共价值框架被认为是与治理理论最为契合的概念体系，这源于治理理论对核心概念的综合诉求。[11]传统城市生态治理绩效评估关注经济增长、环境污染的治理程度等指标。本文在借鉴相关学者的研究成果——经济、社会、环境效益在不同的维度上构成了公共价值的核心要素[12]的基础上，强化了城市生态治理绩效中“公共性”的表达，即增加了居民生活水平、社会保障水平和居民总体满意度等指标，并更多地采用人均指标以突出改革发展成果为广大人民群众所共享的程度，力求将城市生态与公共利益、公共偏好结合起来，实现公共价值管理理论的核心意蕴。具体来讲，本文中的城市生态治理绩效评估体系是经济增长、社会发展和环境保护、居民满意度相融合的绩效指标体系。在经济效益方面，设置了经济发展速度与经济产业结构两个要素层。在社会效益方面，综合考虑了居民生活水平、基础服务设施与社会保障水平。在环境效益方面，设置了环保投入水平与污染物排放两个要素层。公共价值重视公众参与，关注公共偏好，所以本文在经济效益、社会效益、环境效益的基础上，增加了服务对象满意度这一准则层，构建了城市生态治理绩效指标体系（表1）。

表1 城市生态治理绩效指标体系

准则层	要素层	指标层	属性
经济效益	经济发展速度	地区生产总值增长率	+
		全市常住人口人均国内生产总值	+
	经济产业结构	第三产业占地区生产总值比重	+
		第三产业从业人口占总从业人口比重	+
社会效益	居民生活水平	城镇常住居民恩格尔系数	−
		城镇常住居民人均可支配收入	+
		城镇常住居民人均住房建筑面积	+
	基础服务设施	城市人均公园绿地面积	+
		城市人均拥有道路面积	+
		平均每万人拥有公共汽(电)车数	+
		建成区排水管道密度	+
	社会保障水平	每万人口执业(助理)医师数	+
		每万人口医院、卫生院床位数	+
		每百人公共图书馆藏书量	+
		每万人在校大学生数	+
环境效益	环保投入水平	建成区绿化覆盖率	+
		生活垃圾无害化处理率	+
	污染物排放	工业烟尘排放强度	−
		工业废水排放强度	−
		SO_2 排放强度	−
服务对象满意度	居民总体满意度	居民对所在城市生态的满意度	+

注：“+”表示正相关，“−”表示负相关。

三、实证分析

（一）数据来源

本文客观数据来源于2017年度江苏省及各地级市年鉴、统计年鉴以及环境状况公报。此外，部分数据来源于政府官方网站。本文主观数据来源于中国矿业大学中国城市公共安全数据库。主观数据采用分层随机抽样方法和入户调查方法获取，侧重于各地级市城市居民的主观生态安全状况感受，能够反映年鉴、统计年鉴、环境状况公报难以反映的生态安全状况。客观数据和主观数据互为补充、相得益彰。本文中的数据涵盖了江苏省13个地级市，共收回10 246份有效问卷，其中常州市 725 份、淮安市 796 份、连云港市 794 份、南京市 803 份、南通市 743 份、苏州市 797 份、宿迁市 808 份、泰州市 799 份、无锡市 783 份、徐州市 790 份、盐城市 798 份、扬州市 810 份、镇江市 800 份。主观数据中，居民总体满意度采用李克特量表计算而出，具体赋值方法为：非常不满意＝1；不满意＝2；一般＝3；满意＝4；非常满意＝5。

（二）权重确定

确定指标权重是指确定各个指标之间的相对重要性，这对衡量城市生态治理绩效综合水平有着深刻影响。指标权重的确定主要有主观赋权法和客观赋权法。常用的主观赋权法主要有德尔菲法、层次分析法等，这类方法应用时间较长、较为成熟，但主观性太强、客观性较差。常用的客观赋权法主要有主成分分析法、熵权法、均方差决策方法等，这类方法主要根据各个评估对象的指标值，通过数理统计运算得到权重，可以克服主观赋权法由于人的主观性太强而造成客观性较弱的问题。本文采用客观赋权法，以均方差决策方法来确定城市生态治理绩效评估指标权重。

1. 评估指标的标准化

为了更好地比较城市生态治理绩效水平，需要对指标进行无量纲化处理，即消除不同指标的单位性质和量级从而使各个指标之间具有可比性。城市生态治理绩效指标可以划分为成本型指标和效益型指标两类。简单而言，成本型指标是指其属性值越小越好的指标，效益型指标是指其属性值越大越好的指标。例如，本文中旨在衡量污染物排放程度的工业烟尘排放强度即为成本型指标，其属性值越小越好；而第三产业占地区生产总值的比重则属于效益型指标，其属性值越大越好。本文利用极差法对文中所涉及的这两类指标进行标准化处理。

对于效益型指标，采用如下公式：

$$y_{ij}=(x_{ij}-x_{j\min})/(x_{j\max}-x_{j\min}) \tag{1}$$

对于成本型指标，采用如下公式：

$$y_{ij}=(x_{j\max}-x_{ij})/(x_{j\max}-x_{j\min}) \tag{2}$$

式(1)和式(2)中，x_{ij} 和 y_{ij} 分别为第 $i(i=1,2,3,\cdots,n)$ 个评估对象第 $j(j=1,2,3,\cdots,m)$ 项指标的原始值和标准值，$x_{j\max}$ 和 $x_{j\min}$ 分别为第 j 项指标的最大值和最小值。

2. 指标权重求解

本文中，城市生态治理绩效各指标权重求解过程如下所述。

求解第 j 项指标的均值 $E(I_j)$：

$$E(I_j)=\frac{1}{n}\sum_{i=1}^{n}y_{ij} \tag{3}$$

求解第 j 项指标的均方差：

$$\sigma(I_j)=\left[\sum_{i=1}^{n}(y_{ij}-E(I_j))^2\right]^{0.5} \tag{4}$$

求解第 j 项指标的权重：

$$w_j=\sigma(I_j)/\sum_{j=1}^{m}\sigma(I_j) \tag{5}$$

根据上述步骤，可得到江苏省城市生态治理绩效指标权重(表 2)。

表 2　江苏省城市生态治理绩效指标权重

指标	权重	排名
地区生产总值年增长率	0.046 4	14
全市常住人口人均国内生产总值	0.058 5	1
第三产业占地区生产总值比重	0.041 2	20
第三产业从业人口占总从业人口比重	0.036 9	21
城镇常住居民恩格尔系数	0.047 8	11
城镇常住居民人均可支配收入	0.051 5	5
城镇常住居民人均住房建筑面积	0.047 5	12
城市人均公园绿地面积	0.049 6	7
城市人均拥有道路面积	0.052 5	4
平均每万人拥有公共汽(电)车	0.049 1	8
建成区排水管道密度	0.041 9	19
每万人口执业(助理)医师数	0.045 9	15
每万人口医院、卫生院床位数	0.042 9	17
每百人公共图书馆藏书量	0.050 2	6
每万人在校大学生数	0.042 9	16
建成区绿化覆盖率	0.042 8	18
生活垃圾无害化处理率	0.054 1	2
工业烟尘排放强度	0.052 6	3
工业废水排放强度	0.049 0	9
SO_2 排放强度	0.048 1	10
居民对所在城市生态的满意度	0.046 5	13

注：表格中的“排名”为该指标权重在全部指标权重从高到低排序中的位次。

从表 2 可以看出，整体上，除经济产业结构指标和居民总体满意度指标外，其他各个维度的指标题项的权重排名呈现出前后交错状态，即每个维度中均有相关指标位居前列，也有相关指标位居中后位。这表明各个指标开始均衡发展，公共性指标权重开始取得与市场性指标权重分庭抗礼的态势，但仍旧处于劣势。这种前后交错状态也进一步表明了城市生态治理绩效评估开始从以政府满意为目标的评估范式转向以人民满意为目标的评估范式。具体表现在如下4个方面：① 经济效益方面。“地区生产总值年增长率”指标的权重位居全部指标权重高低排序的第14位，而“全市常住人口人均国内生产总值”指标的权重位居第1位。这与新常态经济发展特点相吻合，即经济发展正从强调规模速度的、输入性的粗放增长模式转向强调质量效率的、内源性的集约增长模式，地方政府不仅重视经济增速，更重视让百姓“口袋鼓起来”。然而，遗憾的是，江苏省各个地级市的第三产业在经济结构优化、动力转换等方面的作用尚未明显体现出来，经济增长依托科技的带动能力相对较弱，这可以从“第三产业从业人口占总从业人口比重”“第三产业占地区生产总值的比重”这2个指标的权重位居全部指标权重的倒数第1、2位的结果中反映出来。② 社会效益方面。衡量居民生活水平的3个指标分别位居第11、5、12位；衡量基础服务设施的4个指标中，“城市人均公园绿地面积”“城市人均拥有道路面积”“平均每万人拥有公共汽(电)车”3个指标分别位居第7、4、8位，而与此形成鲜明对比的则是“建成区排水管道密度”指标位居第19位，这充分反映了江苏省各地级市政府重视城市地面建设工程而忽视地下空间的开发和利用，典型表现有城市内涝洪水的频繁发生；社会保障水平方面，除“每百人公共图书馆藏书量”指标权重位居第6位以外，其他3个指标权重排名均比较靠后，分别位居第15、17、16位。③ 环境效益方面。衡量环保投入水平的2个指标分别位居第18位和第2位。衡量污染物排放的3个指标分别位居第3、9、10位。④ 服务对象满意度方面。衡量居民总体满意度的指标权重为0.046 5，位居第13位，处于中后段，与第1位相差高达0.012。这表明江苏省13个地级市政府尚未将居民是否满意置于中心位置。

(三) 综合评级指数求解

每项指标均不同程度地反映了各个城市的生态治理绩效状况，要对每个城市的生态治理绩效状况进行综合评估必须依据公式将多项指标值转化为一个整体性的综合评估指标值。该公式如下：

$$R = \sum_{j=1}^{m} y_{ij} W_{ij} \tag{6}$$

式(6)中，W_{ij}为各个评估指标权重值，y_{ij}为各个指标的无量纲化指标值，R为各个城市的综合指数。

(四) 评估结果

通过上述计算，得到综合得分值及各准则层得分。江苏省各地级市生态治理绩效综合得分值，见表3。

表3 江苏省各地级市生态治理绩效综合得分值

城市	综合得分值	经济效益	社会效益	环境效益	服务对象满意度
南京市	0.705 1	0.142 3	0.328 3	0.214 4	0.020 1
无锡市	0.608 8	0.111 4	0.287 9	0.163 0	0.046 5
镇江市	0.458 1	0.109 7	0.205 1	0.115 2	0.028 1
常州市	0.568 6	0.118 9	0.265 2	0.160 4	0.024 1
宿迁市	0.361 8	0.051 0	0.128 2	0.149 8	0.032 9
苏州市	0.643 2	0.100 1	0.363 2	0.154 3	0.025 7
扬州市	0.587 7	0.090 0	0.253 3	0.197 8	0.046 5
南通市	0.582 2	0.084 2	0.288 3	0.188 8	0.020 9
盐城市	0.351 0	0.058 4	0.133 7	0.140 3	0.018 5
连云港市	0.229 6	0.037 9	0.129 3	0.062 4	0.000 0
泰州市	0.448 8	0.088 8	0.168 8	0.174 4	0.016 8
淮安市	0.369 4	0.064 3	0.118 9	0.170 1	0.016 0
徐州市	0.364 4	0.068 0	0.135 4	0.149 8	0.011 2

从表3可以看出：① 在综合评估方面，南京市、苏州市、无锡市等苏南城市得分值均在较高的水平，与徐州市、盐城市、连云港市等苏北城市群形成了较大的差距。江苏省南北差距由来已久，生态治理绩效也是如此，数据分析结果直观地凸显了这一问题。如何在以人民为中心的基础上促进全省生态治理绩效均衡发展，应该受到重视。② 在经济效益方面，南京市分值较高。可能原因在于南京市作为江苏省省会，在经济发展与产业结构转型上发挥着引领作用。宿迁市、连云港市得分较低，这可能和经济基础与科技投入水平存在一定的关系。③ 在社会效益方面，苏州市分值

位列第一。苏州市强调对“公民满意”绩效的治理，其基础服务建设与社会保障投入都处于较高水平。④ 在环境效益方面，盐城市、连云港市依然处于较低水平，环保投入力度与经济水平密切相关，污染物排放的技术处理也和经济发展有一定的关系。两市可利用地理辐射的优势，在以人民为中心的发展思想基础上，提高科技能力来发展经济，同时提高环境质量。⑤ 在服务对象满意度方面，扬州市和无锡市并列第一，得分为 0.046 5，而连云港的得分值为 0.000 0。公共价值管理理论重视公共参与和公众偏好，并认为政府应该在这一过程中创造公共价值。也就是说，作为全国旅游城市的连云港市，生态治理绩效欠佳的原因更可能是政府公信力偏低，公众参与程度偏低等。因此，在提高生态治理绩效的同时，也要逐渐提升政府的权威，得到公众的理解与支持。

四、结论与讨论

理论上，公共价值管理理论正在成为一种超越传统的命令-控制模式和市场模式的新范式，它是对新公共管理理论范式的替代，通过确立公民在公共价值创造中的核心地位来定义新型公民-国家关系，这为网络治理场域中的政府行为及其绩效评估理论与实践设定了新的标准，为建构以人民为中心的城市绩效评估提供了思路。实践中，既有的城市生态治理绩效评估范式过分注重市场性而忽视了公共性，蜕变为政府、企业等市场主体的“独角戏”或“二人转”，难以反映作为公共主体的公民对所居住城市生态治理绩效的真实满意度，亟须改善。因此，本文沿着绩效评估理论的发展理路，将公共价值融入对江苏省 13 个地级市的城市生态治理绩效评估之中，从经济效益、社会效益、环境效益和服务对象满意度等方面构建了城市生态治理绩效综合评估体系。分析结果显示：南京市、苏州市、无锡市等得分值在综合评估方面处于较高水平；连云港市在经济效益和环境效益方面中处于落后状态；苏州市在社会效益方面位列第一；扬州市和无锡市在服务对象满意度方面并列第一。

尽管将公共价值融入城市生态治理绩效评估中，是新时代“善治”背景下绩效评估的一次改进与突破，是对传统公共行政、新公共管理阶段的突破，也是对公共价值管理理论的实践阐释，同时也为以人民为中心的城市生态治理绩效评估提供了有益参考，但也存在需要完善和进一步研究的地方。例如，受限于数据的可及性，本文仅仅是一次初步尝试，如何更加有效地在城市生态治理绩效中反映公共性值，需要进一步探求；服务对象满意度虽纳入了指标体系中，但服务对象满意度影响生态行为尤其是政府生态行为的机理需要进一步研究。

参考文献

[1] 尹文嘉. 公共价值管理：西方公共管理发展的新动向[J]. 天府新论，2009(6)：91-95.

[2] 翟军亮，吴春梅，高韧. 村民参与公共服务供给中的民主激励与效率激励分析：基于对河南省南坪村和陕西省钟家村的调查[J]. 中国农村观察，2012(3)：48-62.

[3] 何艳玲. “公共价值管理”：一个新的公共行政学范式[J]. 政治学研究，2009(6)：62-68.

[4] 包国宪，王学军. 以公共价值为基础的政府绩效治理：源起、架构与研究问题[J]. 公共管理学报，2012，9(2)：89-97.

[5] STOKER G. Public value management: a new narrative for networked governance? [J]. American review of public administration，2006，36(1)：41-57.

[6] MOORE M H. Creating public value：strategic management in government [M]. Cambridge: Harvard University Press，1995.

[7] BAO G X，WANG X J，LARSEN G L，et al. Beyond new public governance：a value-based global framework for performance management，governance，and leadership [J]. Administration & society，2013，45(4)：443-467.

[8] 翟军亮. 公共价值：行将崛起还是面临崩塌？：基于综合性构念生命周期模型的分析[J]. 中国矿业大学学报（社会科学版），2017，19(3)：21-28.

[9] 高进，李兆友. 治理视阈中的公共性[J]. 东北大学学报（社会科学版），2011，13(5)：421-425.

[10] BENINGTON J. Creating the public in order to create public value? [J]. International journal of public administration，2009，32(3/4)：232-249.

[11] 唐兴霖，马亭亭. 地方公共服务改革：公共价值的治理途径[J]. 学术研究，2015(7)：32-39.

[12] WANG B，CHRISTENSEN T. The open public value account and comprehensive social development [J]. Administration & society，2015，49(6)：775-797.

Research on Performance Evaluation of Urban Ecological Governance with the People-Centered

Zhai Junliang　Dong Yueyan

Abstract: The results of the government′s urban ecological governance performance evaluation are often inconsistent with citizens′ satisfaction. The root cause of this state is that the performance evaluation of urban ecological governance is still at the level of technical efficiency or market efficiency, and its due publicity has not yet been reflected, failing to reflect the people-centered development thought. With the coming of network governance, how to promote the integration of technical efficiency or marketability efficiency and publicity is an important problem to be solved urgently to realize people-centered performance evaluation. Based on the theory of public value management, this paper constructs an urban ecological governance performance evaluation index system, and analyzes the ecological governance performance data of 13 prefecture-level cities in Jiangsu Province. On the whole, the weight of public indicators has begun to compete with the weight of market indicators, but it needs to be further strengthened. This indicates that the performance of urban ecological governance has begun to change from the evaluation paradigm that aims at government satisfaction to the evaluation paradigm that aims at people satisfaction. The government should take measures in economic development, basic services, social security, environmental protection input, residents′ overall satisfaction, etc., to improve the performance of urban ecological governance based on public value.

Keywords: the people-centered; public value; urban ecology; governance performance; public security

新公共服务理论视角下服务型政府的网络政治参与研究

胡　燕

摘要：网络政治参与是现代服务型政府建设的重要基础和动力之一，对服务型政府的建设具有重要推动作用。网络政治参与作为信息时代的新生事物，尚存在参与主体间信息鸿沟难以消除、政治参与能力不等，参与内容质量参差不齐、专业门槛高，法治环境薄弱、网络法治建设有待加强三个方面的问题。出现这些问题的原因是参与主体贫富差距大、参与内容规范性标准不明确和网络立法与实践相脱节、立法部门权责不清。基于此，可以通过全面提升网络政治参与主体素质，树立双向服务意识；加强网络政治参与的内容建设，优化政治参与环境；健全网络政治参与法治建设，规范政治参与行为等途径来优化网络政治参与。

关键词：服务型政府；网络政治参与；新公共服务理论；互联网

互联网技术的快速发展让公民政治参与的形式更为多样，渠道更为丰富，公众线上参与政治生活的热情也在不断提升。但由于互联网技术具有匿名性、公开性等特点，公众政治参与的非理性行为以及政治信息在传播过程中存在扭曲和虚构相关事实信息等情况，这使得网络政治参与作为新型的公民政治参与形式不仅不能够达到预期想要的效果，而且还有可能损害公众利益、危及服务型政府的权威和公信力。

网络政治参与作为公众参与政治生活的一部分，想要弄清网络政治参与就必须厘清什么是政治参与。王浦劬认为，政治参与是指普通公民通过各种合法方式参加政治生活并影响政治体系的构成、运行方式、运行规则、运行政策等过程的行为。[1]因而，网络政治参与是政治参与的重要形式，合理有序的网络政治参与秩序是评价服务型政府权威和公信力的重要依据和参考，有效的网络政治参与能够起到完善我国政治体系的作用。国内有学者将我国的网络政治参与划分为萌芽起步阶段（1994—2000 年）、快速发展阶段（2001—2008 年）、整合发展阶段（2009—2013 年 8 月）、规范发展阶段（2013 年 9 月至今）等四个阶段。[2]目前我国的网络政治参与尚处于规范发展阶段，还存在一定的阶段性问题，完善我国的网络政治参与已成为社会各界关注的焦点问题之一。作为追求公共利益，实现公共价值的新公共服务理论，可以为重塑有序的网络政治参与秩序提供一条新的思路，并且还可以作为研究服务型政府和网络政治参与的桥梁，发现网络政治参与过程的问题并探究相应的解决对策。

一、网络政治参与的必要性分析

网络政治参与是互联网技术发展的产物，它的产生对于服务型政府的建设具有一定的推动作用。因此，网络政治参与的出现有其历史发展的必要性，特别是在服务型政府建设时期。

（一）网络政治参与是服务型政府建设的重要基础之一

服务型政府建设的关键不仅仅在于政府单方面作为或者不作为，而在于政府如何处理好与公

作者简介：胡燕（1996—），女，安徽芜湖人，中国矿业大学公共管理学院（应急管理学院）硕士研究生，研究方向为公共安全、网络舆情治理。

众或者是公众群体之间的矛盾关系。公众群体是复杂的，正如《乌合之众》所提到的，人在群体中不需要为自己的行为承担责任，而群体就是法律，他们的行为天然就是合理的。[3] 因此，服务型政府的建立在处理好政府与公众关系的同时更要处理好政府与公众群体之间的关系。服务型政府强调政府为公众服务、切实转变政府职能、增强公众民主参与程度等新理念，而服务型政府下网络政治参与能够使人在政治参与的过程中不断锻炼和提升自身的政治参与能力和政治素养。

一方面，网络政治参与是服务型政府的重要支撑。国内学者认为，中国网络政治参与对于服务型政府的建设具有促进作用。[4] 在互联网技术快速发展的时代下，传统的政治参与方式开始逐步向网络政治参与转型，这使得公众政治参与成本更低，政治参与效率更高，顺应了服务型政府建设的初衷。服务型政府建设的前提是建立在平等与合作的基础之上。首先，从平等性上说，网络具有极大的开放性、匿名性以及便捷性等特点，可以网罗各方公众主体和公众群体进行政治参与，而且不用受到地域、时间、性别和种族等条件的限制，可发表自身观点，向政府相关部门提出自己的意见，从而使自身权益得到保障。其次，从合作的角度来看，网络政治参与可以通过利用各种信息技术搭建网络平台。例如，微博、微信公众号等为公众提供了政治参与的渠道，让政府与公众合作治理社会问题成为可能。同时，良好的政民合作关系需要双方的协作和相互支持，而这些都要建立在充分沟通的基础之上。网络平台上的政治参与，既能够为政府收集公众意见降低成本，同时又能够利用数据处理技术将公众意见进行处理，实现公众意见可视化，最终向公众反馈相关处理意见，达到双方充分沟通的目的。

另一方面，网络政治参与与服务型政府之间相互联系、相互影响。服务型政府遵从在公民本位、社会本位理念的指导下，在整个社会民主秩序的框架下，所建立起来的以为人民服务为宗旨并且承担服务责任的政府。网络政治参与是新时代网络信息技术快速发展的产物，它创新了公众政治参与的方式，改变了公众政治参与的形式，提升了公众政治参与的效率。首先，网络政治参与与服务型政府相互联系。服务型政府的核心在于为人民服务，体现在政府希望通过服务型政府的建立，能够真真正正做到想人民所想，行人民所嘱。网络政治参与作为新型公众参与政府社会问题治理的方式，能够为政府集思广益提供必要条件，充分发挥互联网时代下的数字红利。其次，网络政治参与与服务型政府建设相互影响，这种影响可能是正面的也有可能是负面的。从正面来说，如果网络政治参与能够充分为公众所用，不仅能够在一定程度上提升公众对于政治参与的信心和热情，而且能够为服务型政府的建设提供有益帮助。从反面来说，如果公众听信一些扭曲甚至无中生有的政务信息，就会导致政府利民政务的实施处处受阻，相关政策的推行一筹莫展。公众盲目听信小道消息，就会使网络政治参与成为摆设，而服务型政府的建成也就成了水中望月的事情。

（二）网络政治参与是服务型政府的重要动力之一

现代服务型政府建设主要从转变政府职能、深化简政放权、创新监管方式、增强政府公信力和执行力这几方面来建设人民满意的服务型政府。网络政治参与是现代服务型政府建设的重要动力之一。

首先，网络政治参与能够推动现代服务型政府建设的相关理念传播。网络传播信息的主要特点是广泛且迅速，服务型政府建设的相关理念如果能够在网络上用公众喜闻乐见的方式进行传播，就能够使公众更加快速接触并接受相关理念以及受到影响，从而在一定程度减少服务型政府的相关政策推行阻力，降低政策推行的成本。

其次，网络政治参与能够在无形中提升公众的政治参与素质。政治参与素质是多维度的，包括政治语言表达能力、相关政策的理解和判断能力等，而网络为公众锻炼其政治参与能力提供了实践平台。通过相关政治意见的输出和对政府推行政策理解的输入，公众的相关政治参与素质不断得到提高。

最后，网络政治参与优化了服务型政府建设的社会环境。服务型政府建设的成功与否与当时的社会环境有很大关系，良好的社会环境能够推动服务型政府的建设，反之则亦然。网络政治参与可以促进社会监督服务型政府的建设，包括对相关社会资源的配置和使用是否合理、相关政府工作人员是否清正廉洁等方面的监督。对服务型政府的监督,能够提高政府运作的透明度,促进服务型政府树立公信力。

二、网络政治参与的问题分析

网络政治参与作为公众参与政治生活和与政府合作治理社会问题的一种新的形式,以其便捷性、开放性和沟通反馈的及时性,备受广大公众青睐。但是,由于网络政治参与作为一种新生事物,尚处在发展阶段,还存在一些问题,主要表现在政治参与主体、内容和法治环境三个方面。

(一)参与主体间存在信息鸿沟,政治参与能力不均等

在互联网技术发展进程中,我国的不同地区、行业、企业和个人之间,由于对信息、网络技术的拥有程度、应用程度以及创新能力的差别而造成信息落差。这样的信息落差同样存在网络政治参与之中,主要体现在以下两个方面。

第一,地域不同,网络信息技术资源利用程度有所差异。在我国,信息利用程度呈现阶梯状分布,东部地区的信息化利用程度高于中西部地区的信息化利用程度。无论是从实际上网人数,还是从上网人数占总人口比重来说,东部地区都超过中西部地区,这样就会导致网络政治参与所征集的意见大都集中反映东部地区参与主体的意愿,较少反映中西部地区参与主体的意愿,使社会公共资源更多地向东部地区倾斜,让东部地区与中西部地区的信息差距更大,失去了服务型政府下网络政治参与的初衷。

第二,受教育程度不同,网络资源利用能力有所差异。网络政治参与的信息鸿沟也可能来源于受教育程度的不同,受教育程度较高的参与主体相对于受教育程度较低的主体,在信息资源的理解、认知、表达和利用能力等方面,要更快、更透彻,并且还能够将自身对于信息的理解传达甚至影响他人。受教育程度较低的参与主体可能在接触渠道、理解和表达信息等方面处于劣势,久而久之,受教育程度较高的参与主体与受教育程度较低的参与主体的信息鸿沟越来越大,导致服务型政府政策更多地向受教育程度较高的参与主体倾斜。

(二)参与内容质量参差不齐,专业门槛高

在网络时代,无论是正面信息或者负面信息都可以突破时间和空间限制,传播到世界任何一个角落,影响着每一个人,网络政治参与信息也不例外。

首先,从非官方渠道的政治参与信息来说,网络政治参与主体发表的政治观点质量高低不等。在自媒体日益发展的今天,人人都可以就某件事或某个人发表自身观点。自媒体时代的政治传播呈现出“传—受”关系角色融合、信息流动立体冲突、“权势”格局去中心化、线上线下双层互动、参与沟通机制转向、情感意见高度融合等的新特点[5],这使其表达的观点达到了更多地影响他人的目的。网络政治参与中信息传播也同样如此。由于非官方渠道信息来源的不确定性,并受到信息表达主体自身素质差异等外在或内在因素的影响,可能导致相关信息在传播过程中带有偏见,混淆公众视听,让受影响的公众群体处于非理性的状态。

其次,从官方渠道的政治参与信息来说,公共部门在官方网站或平台发表政治参与文件的专业性较强,阅读、理解的门槛较高。由于政府相对于民间机构在资源获取和配置上处于主导地位,所以,政府所获得的政策信息无论是质量还是数量都会比民间机构要高很多。然而,许多通过官方渠道发布的相关政策文件和条例,多带有专业术语,具有一定的专业门槛,让公众感觉晦涩难懂,导致公众对政府发布的第一手资料的利用效率不高,使得相关政策信息在传达过程中扭曲原意甚至丢失重要意思,达不到应有的效果。

(三)法治环境薄弱,网络法治建设有待加强

网络政治参与对于法律规制具有主体价值、社会价值和国家价值[6],同时,网络政治参与推行效果的好坏受到法治环境的影响。好的法治环境能够对网络政治参与起到一定的推动作用,而薄弱的法治环境则会阻碍网络政治参与的推进。法治环境主要体现在立法、执法两个层面。

在立法层面,政治参与立法落后,相关法律文件存在空缺。我国在互联网方面的相关法律文件

包括《互联网信息服务管理办法》《计算机信息系统国际联网保密管理规定》《中华人民共和国计算机信息系统安全保护条例》等，法律文件相对健全。然而，和目前我国正在快速发展的网络社会相比，与网络政治参与相关的法律法规跟不上现实的需要，相关立法较为滞后。一方面，网络立法主体较多，对于同一问题颁布多项法律文件，法律边界不清，一旦发生问题就会出现相关部门相互推诿的现象，导致公众问责难、监管难。另一方面，网络政治参与相关立法的内容重叠，具体法律文件模糊笼统，不能够解决网络政治参与的具体问题，缺乏实践性和针对性。

在执法层面，执法机制不健全，执法难度大。从执法过程上看，网络合法行为和非法行为界限不明确，在执法的过程中给予了执法人员很大的自由裁量空间，而一些不遵守法律的人员会钻法律界限不清的“空子”，散布谣言，扭曲事实，让相关政策推行步履维艰。虽然这些非法行为在网络空间操控的成本极低，但是无论从影响范围还是从影响程度上来说，其都要比传统媒介影响范围更广、程度更深。从执法结果来看，由于信息传播主体以及信息来源的复杂性，想要从浩如烟海的信息中追溯到犯罪主体，无论是从技术角度还是从资源角度，执法成本都极高。同时，谣言或者是扭曲了的信息具有极大的社会“影响力”，能够在很大程度上使一群人成为错误信息传播的“受众”，在执法过程中如果追溯到的主体不是个人而是群体，受到法不责众思想的影响、自由裁量空间大以及没有相关适用法律的影响，对于传播错误信息的人或者主体往往定责较难。

三、网络政治参与问题的原因分析

网络政治参与作为一个新生事物，尚处在规范发展阶段，在网络政治参与主体、客体和环境方面存在一定的问题。出现上述问题的原因主要有以下三个方面。

（一）参与主体贫富差距大，网络政治参与意识不强

首先，我国经济发展不均衡，存在地域之间的贫富差距。我国东部地区和中西部地区经济发展相比，东部地区地理位置优越，交通便利，容易吸引外资和新型科学技术，第三产业较为发达，劳动力素质相对较高，对于网络政治参与这一新生事物接纳度相对较高。因此，东部地区优越的经济条件为东部地区的公民进行网络政治参与提供了先进的科学技术和充足的人才储备，使网络政治参与在东部地区推行的可行性更强，阻力更小。与之相反，中西部地区以及北部地区相对东部地区地理位置较为闭塞，交通不便，多发展第一、二产业，不易引进先进的技术，同时，高素质劳动力流失较为严重。因此，网络政治参与在这些地区进行推广，不论是在新兴技术、硬件设备还是在人才储备上都不占优势，缺乏网络政治参与的硬件条件。

其次，网络政治参与意识不强，重形式、轻实效。从心理角度来说，由于一直以来在普通公民心中都觉得有关政治的话题会很严肃，与自己的生活联系不紧密，于是不想也不敢参与有关政治方面的问题讨论。从实际操作上来看，虽然我国计算机普及率逐年提升，为公民进行网络政治参与提供了必要的硬件条件，但是网络政治参与并不是提供了硬件条件就可以顺利进行的，它还需要公民具备基本的电脑操作能力、阅读并理解政府政策等方面的能力。这些能力作为网络政治参与的隐形门槛，将一部分有意愿进行线上政治参与的公民拒之门外，使他们渐渐对网络政治参与丧失了热情，最终导致参与意识不强，实效性也不高。

（二）参与内容的规范性标准不明确，参与效率不高

网络政治参与内容分为民间网络政治参与主体发表的政治观点和政府公共行政部门线上发表的官方法律文件两个方面。网络政治参与内容的规范性标准建设不足主要体现在这两个方面。

从民间网络政治参与主体来说，民间网络政治参与主体线上发表的政治观点内容会受到政治信息质量、政治信息来源渠道以及政治主体自身素质等方面的影响，再加上网络政治参与内容规范标准性建设不足，可能会造成网民网络政治参与的无效性，降低网络政治参与效率和质量。这种网络政治参与的规范标准并不意味着将所有网络政治观点趋于一致。设立这种规范性标准是为了提升网络政治参与观点的有效性。不管是正面观点还是负面观点，只要有利于政府便民政务和

政策的实施，都可以被视为符合网络政治参与内容的规范性标准。

从政府公共行政部门线上发表的官方法律文件来说，网络政治参与虽然具有双向互动性，但是，政府公共行政部门在网络政治参与过程中作为牵头人，起着把握政治参与方向、设置政治参与目标等方面的主导作用。目前我国在网络政治参与方面缺乏与线上政治参与实践相适应的规范性标准，导致官方政治主体为了保证相关信息的严谨性、客观性和科学性，在网络政治参与实践中发布的信息有时晦涩难懂，这给公众在阅读政治参与信息过程中造成了一定的心理压力，无形之中提高了网络政治参与门槛，使公众不能准确理解官方发布的政治参与内容。

（三）立法与政治参与实践脱节，立法部门权责不清

首先，网络政治参与立法与实践相脱节。目前，在网络政治参与方面已经有相关的法律文件，弥补了我国在这方面的法律空白，基本做到了网络政治参与有法可依。但是，网络社会正处在快速发展阶段，网络政治参与也正随着社会实践需求的变化不断完善和优化升级，而相关的立法工作相对于网络政治参与发展较为滞后。滞后的具体表现有：网络政治参与立法与实践相脱节，网络法治环境较为薄弱，一些网络政治参与主体合法权利得不到应有的保障。相反，有的个人或组织钻法律的空子，为了私人利益不惜牺牲集体利益却得不到应有的惩罚，从而造成网络政治参与的乱序现象。

其次，网络政治参与立法部门内部权责不清，职责交叉。网络政治参与立法属于网络立法的一个重要组成部分和分支。网络立法下面有许多分支，包括网络安全立法、网络信息与服务以及网络著作权保护等。然而，各个分支之间目前并无明确界限，导致网络立法部门内部权责不清、职责交叉，表现为上下级立法部门要么立法内容笼统含糊缺乏针对性，要么立法内容范围和效力不统一甚至相互交叉，给一些想打法律擦边球的人有可乘之机，最终降低了立法效率。

四、网络政治参与问题的对策分析

服务型政府下网络政治参与作为一项复杂的社会系统工程，需要政府、公民、社会等多方的共同努力与合作，不断探索和实践网络政治参与得以优化的现实路径，以期更好地推动服务型政府建设和政治文化向现代转型。

（一）全面提升网络政治参与主体素质，树立双向服务意识

新公共服务理论认为，应该强调人的价值，而不只是重视生产效率；应通过对人进行管理和教育，全面提升网络政治参与主体素质，使公共组织及其所参加的网络政治参与在尊重所有人的价值和利益的基础上，通过平等参与和合作来运作。

从经济的角度来说，应缩小东部地区与中西部地区之间的贫富差距，从根本上为中西部地区的公众进行网络政治参与提供条件。新公共服务理论认为，政府要转变职能，为公众服务，而不是掌舵。在网络政治参与中，东部地区和中西部地区之所以存在信息鸿沟，本质上是因为地区之间存在贫富差距，中西部地区经济相对不发达，网络基础设施不健全，缺乏网络政治参与的硬性条件。因此，服务型政府可以通过向中西部地区引进投资，在网络基础设施建设方面给予政策倾斜，优化中西部产业结构，延长中西部地区产业链条，带动中西部地区人员充分就业，缩小地区之间贫富差距等措施，为中西部地区公众进行网络政治参与提供机会和条件。

从思想文化的角度来说，应树立正确的网络政治参与意识，重视网络政治参与。首先，加强网络政治参与主体的思想教育，树立正确的网络政治参与价值观。意识是行动的先导。影响网络政治参与行为的政治心理包括公民基础价值、宏观制度感知和具体行为感知。[7] 不论是学校教育还是家庭教育都能够对政治参与主体的思想意识产生重要影响，并能引导其培养社会责任心、公德心和公民意识等。因此，通过加强思想教育可帮助网络政治参与主体树立正确的网络政治参与基础价值观，不断完善其政治参与能力，从而不断规范政治参与秩序。其次，公众媒体应大力宣传理性政治参与，树立双向服务意识。公众媒体应利用自身的影响力号召公众自觉遵守网络政治参与秩序，理性看待政治参与观点，独立发表自身观点，这可以被看作是公众为政府服务；同时，政府应不断净化网络政治参与环境，简化政府文件内容使

公众易于理解并为大众喜闻乐见，积极回应公众关切，这可以被看作是政府为公众服务。只有政府和公众协同合作，才能真正建立起人民满意的服务型政府。

（二）加强网络政治参与的内容建设，优化政治参与环境

新公共管理理论认为，公共部门应致力于建立集体的、共享的利益观念，采取公共行动的最终目的是获取公共利益。在进行网络政治参与的内容建设中，政府应为公众营造一个无拘无束、真诚的对话环境，使公民能够清楚地表达共同利益和价值观念，让公共利益居于主导地位，并鼓励公民为了公共利益采取一致行动。

首先，建立网络政治参与内容治理评价体系。网络政治参与内容治理应坚持效果导向，建立一套操作性强，且具有系统性、科学性的内容治理评价指标，明确评价主体、客体、目标，同时保证评价主体的独立性，一贯地去执行评价流程，确保评价结果的客观公正性。网络政治参与内容评价主体应由国家层面的主管部门、地方层面的主管部门和相应的学术机构与研究所为代表的第三方评估机构共同构成。其中，国家层面主管部门牵头，负责制定统筹性、方向性评价指标，各级地方层面的主管部门和第三方评估机构作为辅助，具体细化上级指标，各级部门相互独立，职责分离，从而提升网络政治参与内容评价质量。

其次，加强网络政治参与渠道建设。网络政治参与渠道建设影响着网络政治参与内容质量的高低。完善的网络政治参与渠道，从公众在线上参与政治活动、发表政治观点开始便实行严格实名信息审核流程，确保观点可追踪溯源，发表的政治观点永久保留在该线上渠道之中，不随账号的注销而消失。线上政治参与渠道建设仅靠单一政府主体投入社会资源是不够的，需要通过公共媒介宣扬公民权利，鼓励多方主体共同加入，群策群力，集思广益；同时，自觉维护网络政治参与渠道秩序，确保理性网络政治参与。

最后，加强网络政治参与语言体系建设。网络政治参与需要运用政治语言，通过个性化的语言表达方式发表对政治生活的态度和观点。网络政治参与语言体系建设，一方面要保证公众在进行政治参与过程中网络用语的准确性、适当性和先进性，以习近平新时代中国特色社会主义思想和社会主义核心价值观为指导进行思想传播。另一方面，通过转变语言表达方式，深入浅出，用公众喜闻乐见的方式进行网络政治参与内容传播。例如，在网络政治参与线上推广时，可以用贴近人民生活的动漫、动画作品人物进行包装，提升网络政治参与的亲民性、感染力和趣味性。

（三）健全网络政治参与法治建设，规范政治参与行为

新公共管理理论认为，政府工作人员不能只以提高生产效率和利润作为奋斗目标，而应该更加注重公民权利的保障；政府工作人员自身不应该是公共机构的所有者，公民才是；政府工作人员应树立为公民服务的意识。在网络政治参与的内容建设中同样要注重公民权的宣传，主张政府的职能是服务而不是掌舵，政府工作人员是人民的公仆，是解决和治理公共问题的负责任的参与者，要确保公民在网络政治参与中的地位，尊重公民的利益和价值，从而增加政策的稳定性。

从立法角度上说，首先，有关网络政治参与的立法部门应统筹规划，职责分离。各级立法部门应该统一受上级部门领导，明确各部门的立法职责和立法范围，逐步让网络政治参与立法呈现由上到下层层递进、逐步具体的趋势，避免出现立法大而广、法出多门、交叉立法的现象。其次，保障社会主体参与立法权力，推进民主立法。在设立与网络政治参与相关的法律法规时，应当保证社会个人、组织或者群体平等地参与进来，鼓励各方就网络政治参与立法问题提出建议，并加以及时反馈，做到积极采纳各方合理意见，完善与网络政治参与相关的法律法规，提升立法效率和质量。

从执法角度上说，首先，完善网络政治参与平台注册信息实名认证体系。网络不是法外之地，在网上发表政治观点、实施政治行为，如果触犯了法律的底线，可利用信息技术，通过平台实名认证信息追责到个人，缩短信息追踪流程，降低网络执法成本，提高执法效率。其次，培养一支政治素质过硬、专业素质过硬并且精通信息技术的专业人才队伍。完备的法律需要相应的执法人员去执行才能付诸实践、造福人民，否则只是纸上谈兵。法律执行效果的好坏取决于执法人员素质的高低，对于执行网络政治参与相关法律的执法人员既要

了解信息技术相关的知识，又要精通专业知识，两者相互融通，才能使法律执行达到事半功倍的效果。

参考文献

[1] 王浦劬. 政治学基础：重排本[M]. 北京：北京大学出版社，2005.

[2] 时伟. 我国公民网络政治参与的发展、困境及有效引导[J]. 云南行政学院学报，2020，22(3)：116-122.

[3] 勒庞. 乌合之众：大众心理学研究[M]. 任现红，译. 北京：北京工业大学出版社，2016.

[4] 董人菘，袁崇坚. 网络政治参与对中国政府行政管理的影响[J]. 云南社会科学，2020(5)：92-95，163.

[5] 荆学民，于淑婧. 自媒体时代的政治传播秩序及中国调适[J]. 政治学研究，2020(2)：18-22.

[6] 王明生，马维振. 公民网络政治参与法律规制面临的困境与出路[J]. 江苏行政学院学报，2020(3)：83-89.

[7] 李锋. 网络政治参与行为的政治心理机制分析：基于项目反应理论的测量[J]. 中共天津市委党校学报，2020，22(2)：39-46.

Study on the Network Political Participation of Service-Oriented Government from the Perspective of New Public Service Theory

Hu Yan

Abstract: Network political participation is one of the important bases and driving forces for the construction of modern service-oriented government, and plays an important role in promoting the construction of service-oriented government. As a new thing in the information age, network political participation still has three problems: the information gap between participants is difficult to eliminate, the ability of political participation is not equal, the quality of participation content is uneven, the professional threshold is high, the legal environment is weak, and the construction of network rule of law needs to be strengthened. The reasons for these problems are the large gap between the rich and the poor of the participants, the unclear normative standards of the participation content, the disconnect between network legislation and practice, and the unclear powers and responsibilities of the legislative departments. Based on this, we can comprehensively improve the quality of network political participants and establish a sense of two-way service. Strengthen the content construction of network political participation and optimize the environment for political participation; To optimize the network political participation, we should improve the rule of law construction and standardize the behavior of political participation.

Keywords: service-oriented government; network political participation; new public service theory; Internet

整体性治理:提升社区居民参与的路径研究

徐 帆

摘要:新时代基层社会治理是扎实推进国家治理体系和治理能力现代化的重要举措,提升社区居民参与是完善基层社会治理的重要内容,具有十分重要的意义。然而,当前我国社区居民参与还存在着认知碎片化、行为碎片化、信息碎片化、动员碎片化等问题,究其原因,主要是缺乏正确的居民参与意识、个人利益与集体利益没有平衡、网络信息技术应用不到位、缺乏有效的沟通和交流。基于整体性治理理论,可从以下四个方面来提升居民参与:一是加强参与教育,培养居民正确参与意识;二是健全制度体系,促使参与行为规范有序;三是了解居民需求,打造数字化智能化平台;四是增进主体合作,完善居民参与动员力量。

关键词:居民参与;碎片化;整体性治理

党的十九届四中全会提出要坚持和完善共建共治共享的社会治理制度,注重基层社会治理新格局的构建,不断完善群众参与基层社会治理的制度化渠道。社区居民是构成我国基层社会组织的重要主体,居民参与对基层社会治理起到了关键作用,直接关乎基层社会组织生存和发展的活力,居民参与是指社区居民参与社区选举、决策、管理、监督等活动,其参与程度和参与效果成为衡量社区发展的重要标志。从目前我国社区居民参与情况来看,社区居民参与程度和参与效果并不理想,社区居民参与还存在着不同程度的碎片化问题,如何克服这些碎片化问题,需要多元主体相互协调,用系统性、整体性思维把握问题的关键,进而促进居民的有效参与。

一、当前社区居民参与存在的问题

"参与"是个人将自身的情感、态度、价值观和言行与一个集体产生联系并融入其中的过程。[1]社区居民参与无强制性,主要是居民的一种自觉自愿和主观能动的行为。参与过程中呈现出来的持续性、稳定性、集体性不强,逐渐反映了一种分散化、破碎化的趋势,即居民参与的碎片化状态。

(一)居民参与的认知碎片化

社区是一个较为复杂的群体,群体认知存在着差异,对同一件事物也会有不同的看法。对居民参与的认知也是如此,部分居民对居民参与的认知较为片面,没有真正认识到什么是居民参与、居民可以参与哪些事务和活动、应该如何参与,对居民参与的重要性也没有深入的了解。居民参与对个人、对集体发展都能够产生较大的影响,但居民对此不会做更多的思考,而是抱着参与或不参与都差不多的心态,或者产生较强的依赖性,认为自己不参与总有其他人会参与。社区居民对居民参与认知的局限性还体现在出现某种程度的"塔西佗陷阱"现象。[2]居民与社区组织彼此之间产生了信任危机,居民参与没有让居民得到满足感和获得感,或者社区组织的一些行为让居民存在抵触抗拒心理,则会降低居民对社区的信任程度,认为社区工作存在较多问题,居民看到了社区组织不力的一面,此时负面影响和情绪占据了居民认知的主导地位,不愿继续相信或者配合社区工作,进而居民参与性也大大降低。

(二)居民参与的行为碎片化

居民参与从整体上来看受到社会发展和个体

作者简介:徐帆(1996—),女,安徽宣城人,中国矿业大学公共管理学院(应急管理学院)硕士研究生,研究方向为网络社会治理。

的影响，它不仅受到社会结构的约束，同时也是行动者个体自身的选择。[3]居民参与过程中的选择性参与在某种程度上带来了社区发展效益的低下，一些居民的选择性参与主要表现为以下几点：一是更愿意参与和自己切身利益相关的事情。一些居民通过提出一些意见或建议来维护个人利益，使自身利益不被损害，而非做到能参尽参，多为社区发展出谋划策。二是更愿意参与较为简单的管理活动，更倾向于选择流程简单明了的社区活动。考虑到个人的时间、精力等因素，一些居民不愿意过问或者参与复杂且持续时间长的社区活动，因而并不能做到积极参加社区的每项管理活动。三是更愿意参与具有重要决策性质的活动，而非监督性质的活动。对于决策类的活动，一些居民更愿意通过自身权利表达出自身期望来谋求更好的社区生活环境，但在社区活动监督上，则较少地参与和跟进，对社区活动的关注度相对较低，态度也较为被动。

（三）居民参与的信息碎片化

信息资源是影响居民参与的重要因素，社区居民参与还存在着信息不对称和信息壁垒的情况。一方面，社区相关信息发布内容不够及时，居民有时通过非正规渠道所得的信息与实际社区发布的信息存在偏差，则会引起一些舆论甚至是误导。社区作为基层组织，发挥着重要的桥梁作用。社区发布的一些文件或者政策信息传递了与居民密切相关的重要内容。若居民对相关文件信息或政策理解不透彻，则居民实际了解的内容较为浅显片面，对自身掌握的信息也就存在误解，如此，居民没有及时把握正确有效的信息将影响其参与效果。另一方面，居民获取信息渠道受阻，对于居民需要知道的信息，由于信息发布方式的不合理，导致信息被忽视。对于居民想要了解的信息，居民还是不免要跑腿，甚至是来源于居民之间的口口相传。这不仅耗时耗力，同时也使得信息的真实性无法得到保障，居民参与需要完整、充分而有效的信息，但信息内容和信息发布却呈现出分散化状态。

（四）居民参与的动员碎片化

社区居民具有重要主体性作用，充分激发居民所具有的能量，促进稳定参与机制的形成，是社区治理工作的重要内容。[4]居民参与需要足够的动员力量予以支持，但动员居民参与的力量从目前来看较为单一，主要还是基层政府和社区组织，且基层政府更多的是发挥宏观性的作用，通过政策支持、行为指导等鼓励更多、更广泛的居民参与社区治理，而社区组织是贯彻具体活动的直接组织者，组织居民积极参与活动，但现实中居民参与的动员情况并没有达到所设想的状态。基层政府和社区组织的力量是有限的，居民参与的动员却是持续性的。社区居民是一个相对较为广泛的群体。仅靠基层政府和社区组织发挥作用还是远远不够的。基层政府更多的是指导性的行为，只有长时间不断地进行居民参与的动员，才能形成潜移默化的影响。现实中，社区组织动员居民参与的具体行为有时得不到有效的监督和检查，有时活动过于简单、缺乏实质性及实用性的意义，居民参与动员的形式主义也依然存在。基层政府、社区组织等动员力量之间的关系较为分散，不够集中。

二、社区居民参与存在问题的原因分析

碎片化问题是新公共管理理论基于专业化分工下面临的挑战，对政府服务带来了严重的制约和影响。[5]社区居民参与存在的碎片化问题，也同样对基层社会治理和发展起到了约束作用，居民参与的碎片化，使得居民参与程度和参与效度大打折扣。导致居民参与碎片化的原因，可以从以下几个方面进行分析。

（一）缺乏正确的居民参与意识

居民参与意识较为薄弱使得居民个人认知产生了一定程度的空白。社区居住的人群结构较为复杂，文化水平也有一定的差异，接受的教育和综合素质也因人而异，每个人对居民参与的认知水平自然也不一样，对个人知情权、参与权、表达权等权利的知晓和合法行使程度总体而言尚不够高。对于一些受教育程度较低的人群，其个人认知能力有所限制，对居民参与社区治理的了解度和关注度不高，参与意识处于薄弱状态，更不用说让其采取行动参与其中；而对于一些受教育程度较高的人群，即使他们了解自身可以行使合理合法的个人权力参与社区治理，但由于没有触及自身利益，因而参与意识是不强烈的或不愿花时间

去参与，或者是受其他外部因素的相关限制，导致无法及时参与，长期发展下来居民参与的重要性也就被逐渐忽视。与此同时，居民在对社区事务缺乏足够的参与意识下，易受到客观表象的干扰，与社区组织产生了一定程度的空间距离和心理距离，进而居民参与的认知也就较为有限。

（二）个人利益与集体利益没有平衡好

居民是促进社区发展和保持社区生机活力的重要主体。居民参与是居民对社区发展所付出的个人行为，该行为涉及个人利益与集体利益。居民参与出现的行为碎片化问题反映出一些居民参与过多地重视自身利益，把自身利益摆在了社区整体发展之前。居民选择性参与，多参与与自己切身利益相关的或能够表达个人利益的管理活动与事务，对于觉得与自己利益关系不大的社区活动则持若有若无的态度。一些居民并没有看到个人利益是寓于集体利益之中的，在社区管理活动中，更多地把社区发展看作是社区工作者的任务，没有意识到自身是社区发展的核心力量，没有意识到个人利益与集体利益相互促进、相互制约。居民个人与社区是融为一体的，每一项社区活动或大或小都与居民存在不可分割的关联，部分居民并没有意识到自身的参与态度和参与行为能够发挥较大的影响，能够带动和促进社区发展和进步。这导致部分居民对于社区活动和社区事务的参与度不高，对促进集体利益的行为存在不足。

（三）网络信息技术应用不到位

居民参与需要获取信息，而获取信息则需要相应的渠道，信息内容传播的力度和效度会直接影响居民参与。由于信息化水平的局限性，居民参与所需的信息存在一定程度的碎片化。第一，一些地区的社区发展在经济实力、社区工作人员管理能力、技术应用能力等方面存在差异。有的社区缺乏信息化应用平台，居民对信息的获取较为滞后，仍然采取告示栏张贴、楼栋墙张贴的方式传递信息。纸质化的传递方式效率较低，且告知信息的内容和形式有限。居民对社区内的公共事务了解知之甚微，此种情况影响了居民对事情的判断，也使得居民不愿意参与，没有参与感，没有主人翁的心理情感。第二，效率从市场效用来看它是一种分配原则，从社会治理来看它是一种行动取向。[6]一些社区会发挥相关新媒体比如微信群的作用，社区工作者通过微信群发布相应信息，但微信群的方式也存在一定的弊端，其信息容易被刷屏，无法保证所有的居民能都接收到信息，同时考虑信息保留时间的有效性以及信息查阅的便捷性，微信群的方式尚无法达到最佳，这就造成了居民的有限参与。因而，居民参与的信息资源获取渠道还需要继续完善。

（四）缺乏有效的沟通和交流

沟通和交流是所有问题的关键点，居民参与的动员力量不足和动员效果不明显反映了动员居民参与的各主体间沟通和交流的欠缺。居民参与的动员力量是多元主体共同发挥作用的结果。现实中，基层政府、居委会、业委会、社区团体、居民等之间的交流和互动并不充分，社区举办的部分活动具有被动性，多是根据相关文件精神单向式、直线式地落实和进行，程序化色彩较为明显，这使得参与主体难以具有广泛性。一些居委会或者社区团体组织举办活动时将重点放在了该项活动的动员号召上，而不是活动举办前先征集居民的想法和意愿，彼此间缺少了沟通和互动，从而导致居民不了解活动的内容、活动的目的和意义，活动组织者也很难迅速找到其他的动员力量主体，活动形式的吸引力也存在不足。动员居民参与的各主体因沟通不充分，彼此间存在一定的距离和缝隙，使得动员效果不显著。

三、整体性视角下提升社区居民参与的路径分析

随着经济化、社会化、网络化、多元化的发展，20 世纪 90 年代，整体性治理理论逐渐兴起，英国学者希克斯提出了整体性治理这一理论及概念，认为整体性治理是在过程中实现整合的行为，比如政策规则的制度执行过程、服务供给过程、监控过程等。[7]本文中的整体性治理是指多元主体通过协调和整合，借助信息技术手段来满足公众合理需求，解决社区发展过程中碎片化问题的一种治理方式。针对目前社区居民参与存在的一些问题，需要通过整体性思维方式缓解这些矛盾和冲突，并加以应对和解决。

(一)加强参与教育,培养居民正确参与意识

居民是社区参与的重要主体,应充分发挥其主体性作用,并对其采取整体性的教育。首先,作为重要主体,居民要对自身所具有的参与权利有足够的认知,基层政府和社区居委会要加强对居民进行参与意识教育,如通过召开相关会议、发放宣传教育手册、网格管理员上门等方式,提升居民对如何实现居民参与、参与的重要性和意义以及社区工作等的认识,培养居民参与理念的形成,提高参与教育的全面性和广泛性。其次,加强对居民参与能力的教育,应着重针对社区受教育水平较低的群体,进行视频讲解和教学,加深其关注度和理解力,从而促进居民主体增能。居民主体增能与社区参与之间呈现出一定的正相关性,居民参与能力越强,则参与效果也就越好。[8]最后,加强对居民参与观念的教育,参与是个人与集体相融合的过程,社区发展过程中不可避免地会出现一些问题,但居民也应该给予社区足够的信任和机会,并积极参与其中,建言献策,帮助社区发展和进步。

(二)健全制度体系,促使参与行为规范有序

居民参与存在行为碎片化的现象,应加强居民参与的制度化规范。制度是一切方式方法赖以遵循的重要基础,也是居民增强参与的参考依据。一方面,要不断完善居民参与的硬性制度,如社区选举,这是居民选举权和被选举权的使用。应通过直接参与的方式进行选举,同时要采取一定的外部监督和内部监督措施保证权利的切实公开行使,保障人民当家作主的地位,使社区居民感受到自身主体性作用的充分发挥。另一方面,要建立适合社区发展的柔性制度,比如社区群众建议意见征集和反馈制度、群众参与反馈机制、群众参与社区公共安全和公共服务供给机制等。[9]社区发展制度要具备较强的灵活性,社区组织应能够根据社区发展具体情况制定相应规则,制定符合居民实际情况的一些激励制度,将社区活动参与方式、参与效益等呈现出来,进而激发居民参与的充分性,协调居民参与的个人与集体观念,减少象征性参与现象。

(三)了解居民需求,打造数字化智能化平台

互联网信息化时代下,社区治理必须与时俱进,居民参与的途径、获取信息的渠道也需要朝便捷化、高效化方向发展,提升居民参与要坚持价值理性和工具理性相结合,即将居民的实际需求和数字化智能化技术相结合。[10]促进居民参与,应先了解居民的本质需求,从需求出发,做好需求供给。应通过社区工作人员或社区志愿者做好入户调查或者问卷调查,了解居民的关注点,以及居民更乐于接受的参与方式,从而改进社区管理活动,丰富活动形式,提高居民参与度。同时,应在满足居民信息需求的前提下打造适合居民参与的信息技术应用平台。社区应引进相关技术,通过统一的数字化平台发布社区信息,将居民以及社区相关其他主体聚集到一个虚拟空间。在这个空间内,居民可以随时搜索、查询、收悉社区发布的信息,对信息加以归类,如政策类、意见类、咨询类等,使信息资源从破碎走向整合,从分散走向集中。通过智能化识别,分析出社区居民中不懂数字化平台使用的群体,进而由社区工作者对其进行居民参与的相关指导。

(四)增进主体合作,完善居民参与动员力量

促进居民参与单靠一方主体发挥作用是远远不够的,需要多元主体相互沟通交流与合作,提升居民参与的积极性,进而促进社区发展。基层政府要充分发挥指导者作用,基层政府的指导不仅仅是政策文件上的指导,还要落实到实际行为的监督,避免敷衍形式化的行为作风。社区居委会、社区团体、业委会等组织是社区管理活动的重要实施者,主要承担着社区活动的开展,负责动员社区居民积极参与。社区居民是活动的主要参与者,各参与主体之间应有充分交流,居民要及时反映自身的需求,社区组织要积极倾听居民的心声,并相互协调沟通,不同社区组织共同发挥自身力量,加强对社区活动的宣传以及创新社区活动开展的形式,提高居民参与的兴趣。多元主体之间的合作和优势的发挥,才能最大程度上提升居民参与意识,提高居民参与效度。

参考文献

[1] 郭彩琴，吕静宜. 完善社区参与式互动治理结构的对策研究[J]. 行政论坛，2018，25(4)：106-110.

[2] 塔西佗. 塔西佗历史[M]. 王以铸，崔妙因，译. 北京：商务印书馆.

[3] 邱梦华. 城市基层社会组织发展中居民参与的行动逻辑[J]. 学习与实践，2017(9)：94-100.

[4] 李翌萱. 城市居民社区参与的内容分化与组织优化：基于 L 市 B 社区和 Q 社区的案例比较分析[J]. 城市问题，2020(7)：84-90.

[5] 李峰. 整体性治理：应对我国社会组织治理碎片化的新范式[J]. 学习与探索，2020(12)：57-62.

[6] 吴晓凯，文军. 整体性治理：中国城市治理形态的逻辑转型及其实践反思[J]. 江苏行政学院学报，2020(4)：64-70.

[7] 张立荣，陈勇. 整体性治理视角下区域地方政府合作困境分析与出路探索[J]. 宁夏社会科学，2021(1)：137-145.

[8] 袁方成. 增能居民：社区参与的主体性逻辑与行动路径[J]. 行政论坛，2019，26(1)：80-85.

[9] 蒲新微. 群众参与社区治理的制度化建设：问题与路径[J]. 江海学刊，2020(3)：248-253.

[10] 董石桃. 技术执行的组织整合：整体性治理视域下的大数据反腐[J]. 电子政务，2020(11)：24-36.

Holistic Governance: A Study on Ways to Enhance Community Participation

Xu Fan

Abstract: In the new era, grass-roots social governance is an important measure to solidly promote the modernization of the national governance system and governance capacity. Enhancing community participation is an important content of improving grass-roots social governance, which is of great significance. However, at present, there are still problems such as cognitive fragmentation, behavior fragmentation, information fragmentation and mobilization fragmentation in Chinese community residents' participation. The main reasons are lack of correct awareness of residents' participation, lack of balance between individual interests and collective interests, inadequate application of network information technology, and lack of effective communication and exchange. Based on the holistic governance theory, residents' participation can be enhanced from the following four aspects: First, strengthen participation education to cultivate residents' correct participation consciousness; The second is to improve the system system, promote the participation behavior standard and orderly; The third is to understand the needs of residents and build a digital intelligent platform; Fourth, we will enhance cooperation among subjects and improve the participation and mobilization of residents.

Keywords: resident participation; fragmentation; holistic governance

从政治沟通的角度看新冠肺炎疫情信息的发布

臧晶晶

摘要:21世纪频发的公共安全事件给人类社会的发展带来了巨大的挑战。2020年年初暴发的新冠肺炎疫情再次给我国的公共安全带来沉重一击。而在此次疫情中,作为重要政治沟通主体的政府、大众传媒等分别扮演着不同的角色。从政治沟通理论的视角来看新冠肺炎疫情下的国家政策、政府作为以及大众传媒,存在着一些新的问题,本文尝试从阶段论的角度提出解决措施。

关键词:政治沟通;新冠肺炎;信息疫情

一、引言

进入21世纪,从世界范围看,人们的生活质量越来越高,寿命普遍延长,人口老龄化日趋严重,世界人口数量在20世纪末突破60亿。2011年10月,联合国的数据显示世界人口总量已经突破70亿。[1]作为全球最大的发展中国家,中国人口总数已经在2019年年底突破14亿大关。[2]人口的高速增长,人口流动频繁加剧,流行性疾病的概率随之增加。

政府信息的发布,是政治沟通中十分重要的环节。在突发性流行病期间,疫情信息的发布是疫情控制的重要辅助手段和稳定社会情绪的有效途径。对21世纪以来的中国来说,在经历2003年的"非典"疫情、2013年的"H7N9"疫情以及2020年的新冠肺炎疫情三个大型流行性疾病疫情后,中国的疫情信息发布制度、水平、速度以及公众对于信息接受的程度等都有了质的飞跃。随着新媒体技术的进步,公众获取疫情信息发布的渠道也越来越多样。

疫情信息的发布,在政治沟通中扮演着联系政府和公民的纽带角色,因此疫情信息传播路径的正确性显得尤其重要。在新冠肺炎疫情暴发早期,谣言四起,有人说吃大蒜可以抵制病情,还有人说,抽烟、喝酒等方法可以预防新冠肺炎,更有甚者,散布各种病例的谣言,带来了一定的社会恐慌。因此,在疫情传播的过程中,要防止疫情信息的扩散,各种错误的信息传播误导了大众,同样会给大众带来安全隐患。

二、政治沟通的内涵与要素构成

(一)政治沟通的内涵

沟通是维系人类社会有机体自身存在与发展的一种方式。麦奎尔把沟通界定为:人或团体主要通过符号向其他个人或团体传递信息、观念、态度或情感的过程。贝克则认为:沟通是组织的生命线,能够传递组织的发展方向、期望、过程、产物和态度。简言之,沟通是指基于共同的目标,个人或群体之间通过特定的渠道,就思想、信息、观念、情感和态度进行交互传递与反馈,以达成重叠共识的互动过程。

政治沟通是指政治系统运作过程中对政治诉求、政治思想、政治态度等政治信息的传递、获取、存储、交流和处理的过程,是政治系统进行输入—输出的工具,包括对信息的接受、选择、存储、传递、分析和处理的整个过程。简言之,政治沟通有两层含义:一种"政治沟通"指的是那些传递有关政治的消息、思想和态度的活动,它主要是一种政

作者简介:臧晶晶(1997—),女,江苏宿迁人,中国矿业大学公共管理学院(应急管理学院)硕士研究生,研究方向为政治传播研究、网络舆情研究。

治传播研究；另一种“政治沟通”指的是政治系统进行输入—输出的工具，这种“政治沟通分析”是运用控制论和信息论的原理对政治系统输送、获取、存储和处理信息的过程进行解释的研究方法。[3]借此，可以把政治沟通理解为：在一个开放性的政治系统中，政府、公民、智库、利益集团、社会组织等基于不同价值偏好与诉求的政治主体，通过特定的沟通渠道或媒介就涉及公共事务与公共利益的政治信息进行的输入—输出、交流、传递，并围绕相关政治信息展开充分的对话、讨论与协商，以增进理解和达成重叠共识的往复循环的交互性的动态过程。

（二）政治沟通的要素构成

一般而言，政治沟通的要素构成通常称之为“5W”模式：谁(who)、说什么(says what)、通过什么渠道(in what)、对谁(to whom)、取得什么效果(with what effects)，即信息发送者、政治信息、沟通通道、信息接收者、反馈等构成了政治沟通的基本要素。[4]第一，信息发送者。信息发送者是政治沟通过程的起点。第二，政治信息。政治信息是政治沟通的基本内容与中心环节。离开了政治信息，政治沟通也就无从谈起。第三，沟通通道。沟通通道是指政治沟通过程中相关政治信息传输的渠道或载体。其中，通道能力是衡量沟通通道的重要标尺，即在单位时间内通道本身传输政治信息的数量，或传输与处理相关政治信息的畅通性与真实性。第四，信息接收者。在政治沟通过程中，政治信息输入与输出所指的政府、社会组织、利益集团、公民个体、智库等政治主体，即为信息接收者。第五，反馈。在开放性和多元化的政治系统中，反馈是影响政治沟通有效性的关键环节。信息接收者对接收到的相关政治信息进行加工和处理后，以思想、决策、行动等形式向信息发送者发出回应性信息的过程，即为反馈。从理论上说，上述五个要素的有机结合，形成了一个单向度的、线性的、完整的政治沟通过程。需要指出的是，在现代性成长过程中迅速发展的通信技术，把横亘在多元政治沟通主体之间的“天然屏障”拆除后，不仅无限放大了政治沟通的空间，而且为政治沟通主体之间就社会公共问题进行及时、自由、理性、平等的对话、讨论、交流和形成共识，提供了坚实的技术支撑，搭建了更为顺畅的平台。

三、新冠肺炎疫情中的政治沟通

（一）疫情信息的发布制度

制度在政治沟通环节中属于政治信息，也就是人们常说的“5W”模式中的一个基本要素——政治信息。政治信息是政治沟通众多环节中的一个重要环节。

在此次新冠肺炎疫情中，我国实行的是传染病疫情信息发布权行政一元化体制。根据我国《传染病防治法》《突发公共卫生事件应急条例》《国家突发公共卫生事件相关信息报告管理工作规范(试行)》《突发公共卫生事件与传染病疫情监测信息报告管理办法》等文件，主要由国务院卫生行政部门和省、自治区、直辖市人民政府卫生行政部门根据国务院卫生行政部门的授权行使预警信息的发布权。具体来说，国务院卫生行政部门行使全国性定期疫情信息发布权，省、自治区、直辖市人民政府卫生行政部门根据国务院卫生行政部门的授权行使省级地方性定期疫情信息发布权。在重大传染性疾病暴发或疫情流行时，以国务院卫生行政部门为主，行使疫情发布权，只有在国务院授权的情况下，省、自治区、直辖市人民政府卫生行政部门才拥有发布本行政区域的传染病疫情信息的权限。在疫区宣布权的配置方面，县级以上地方人民政府须报经上一级人民政府批准，才有权宣布本行政区域部分或者全部为疫区；跨省、自治区、直辖市的疫区，由国务院决定并宣布。

（二）新冠肺炎疫情中的政府

政府作为政治沟通中的信息发布者与信息接收者，在新冠肺炎疫情期间出现在了政治沟通的起始环节，并且与政治沟通的各个主体有着密切的互动。

据统计，从2020年1月22日国务院新闻办公室(国新办)举办首场疫情新闻发布会至2020年3月7日的46天时间里，中国政府已召开了67场发布会。其中，国新办于2020年1月22日举办了首场新闻发布会，发布会虽然不是每天都召开，但有时是一天2场甚至3场，共举办26场。国家卫健委于2020年1月27日开始召开新闻发布会，每天1场，共举办41场。此外，国新办和国家卫健委分别自2020年2月3日和2020年2月5日起以国务院联防联控机制名义举办发布会。在省级政府部门召开的疫情防控新闻发布会中，三类省（市）值得关注：疫情最严重的湖北及周边省份；确诊病例较多的省份，如广东省、河南省、浙江省等省份；北京市、上海市、天津市等直辖市。截至2020年3月7日，湖北省、安徽省、上海市、重庆市、北京市等地召开的发布会均为40场及以上，基本实现“日更”；广东省、浙江省为30多场，广东省从3月份开始不再“日更”；河南省、陕西省为20多场；四川省、江西省为10多场。[5]此外，国新办还将疫情防控新闻发布会的现场，从北京市搬到了当时疫情最严重的武汉市。如国新办新闻发言人袭艳春所言，国新办将发布会移师武汉市，目的是和派驻一线的几百名新闻工作者一起，更及时、准确、全面地介绍疫情防控一线的情况，真正做到群众关心的焦点在哪里，信息公开的重点就在哪里。各省级政府举办的疫情防控新闻发布会，有力地推动了政府与公众之间信任机制的构建。

（三）新冠肺炎疫情下的大众媒体

大众媒体作为政治沟通中的沟通通道，属于中介环节。很多信息都要通过大众媒体发布出去。在新冠肺炎疫情期间，大众媒体更是担任了政治沟通中一个关键环节。沟通渠道的流畅与否，影响着整个政治沟通的成功与否。

世界卫生组织全球传染病防范主任布里安德指出，伴随新冠肺炎疫情暴发的，是“信息疫情”的暴发。“信息疫情”是指过多的信息反而导致人们难于发现值得信任的信息来源、可以依靠的指导，这些信息甚至可能对人们的健康产生危害[6]。认识、理解、控制“信息疫情”，有助于人们对疾病疫情的响应。“信息疫情”的存在是沟通渠道不顺畅的表现。

从“某小区发现若干死者病例”“洗热水澡能有效预防感染”到“新型冠状病毒源于实验室泄漏”“某特效药临床试验全部显效”，各种谣言五花八门。这种典型的“信息疫情”加剧了社会恐慌情绪，也干扰了疫情防控阻击战的大局。

四、新冠肺炎疫情中的政治沟通问题

（一）“信息疫情”恶性发展

2003年“非典”疫情暴发时，传统媒体是公众了解、感知疫情风险的主要来源，最常见的是政府的官方报道。例如，每天准时与公众见面的新闻联播、《人民日报》等。在2020年新冠肺炎疫情期间，政府依托的信息发布渠道越来越新颖如微博、微信公众号以及抖音等。截至2020年4月7日，“人民日报”的抖音账号粉丝数已达9 504千万人，微博粉丝人数高达1.2亿人。这些庞大的数字说明，新媒体带给人们的改变是难以估量的。许多学者认为，当今的世界，是一个融媒体时代，简单来说，只要你有手机、有电脑、有网络，就可以把想要让别人了解的信息发布出去，同样，也可以接收到许多自己不认识的人发布的信息。人人都是传播主体，这使得整个社会的话语权被广大“自媒体”所激活，疫情信息的发布渠道更广，传播速度更快，影响面更大。这种时候，很多不实信息，乘虚而入，在很多媒体上的传播，更是像病毒一样泛滥，这给“信息疫情”的发展提供了渠道，使得“信息疫情”越来越严重。

（二）“熟人圈”谣言难以控制

2020年，整个世界已经进入移动互联网时代，人们发布信息不受时间和空间的限制，这大大提高了公民间的信息互动性。现代社会，每个人都有自己的社交账号，微信、QQ、微博等已经成为人们日常生活中不可或缺的一部分。

在新冠肺炎疫情暴发后，人们会像往常一样，在各大公共平台，分享自己的日常生活，或者是自己的所见所感。更有甚者，为了赚取更高的话题度，添油加醋地说一些不可信的言论。部分人因与散布谣言的人关系比较近，所以更愿意相信这些不实的言论，从而给社会带来很大的负面影响。这些“熟人圈”之间互动性的增强，使得谣言一步步发展，进而就演变成了“信息疫情”。所以“信息疫情”的出现，每个人都或多或少地承担着一定的责任，可能只是随手点赞、无意转发、一句评论。人人如此，一个“熟人圈”套着另一个“熟人圈”，互动性越来越高，导致“信息疫情”难以控制。

（三）缺乏把关人的疫情信息

在2003年的“非典”疫情时期，传统媒体需要经过专业人士的审核把关才能发布信息。相比于“非典”疫情时期，如今通信技术有了飞跃发展，手机成为信息传播主要途径，更是形成了人人都是传播主体的现象，缺少“专业人士”对传播的信息进行筛选和鉴别。在没有经过筛选的情况下，许多虚假信息被散布到社会的各个地方，这无疑都加重了“信息疫情”。在新冠肺炎疫情下，一些自媒体由于没有经过专业训练，缺乏专业的媒体素养，发布、转发消息，既不会核实消息来源，也不会遵循传统媒体客观、公正的报道准则。在这样的传播环境下，大量真假难辨的疫情消息被广泛传播，不仅降低了人们接受、鉴别、判断信息的能力，更为疫情防控工作带来了干扰。

五、新冠肺炎疫情下提高政治沟通的建议

大规模流行性疾病的发展一般会经历潜伏期、暴发期、扩散期、消退期等四个阶段。突发公共卫生事件，一般无法预料，发生非常突然，让人们对于疾病的防控措手不及。然而，所有的流行性疾病不会是毫无预兆的，会有潜伏期的存在。在流行性疾病发生的潜伏期，政府要有足够的敏感度，对于社会中常见的多发疾病，应该及时予以排查，大众媒体也应该充分发挥自身优势，及时传播给公众真实有效的信息，这样就可以在流行性疾病大规模暴发前给公众一定的心理缓冲期，避免流行性疾病暴发后的过度紧张和焦虑。随着疫情的发展，在每一个阶段都会有相对应的不同的疫情信息，政府作为政治沟通的起始环节的主要责任人，要怎么发布信息、发布什么样的信息都很关键。

（一）疫情潜伏期的建议

在疫情潜伏期，即在疫情全面暴发之初，从政府到公民都应该提高疫情的警觉性。警觉性的提高又需要建立在经历的基础上。2003 年“非典”疫情大规模暴发前，就已经于 2002 年 12 月在广东顺德暴发了，但当时政府对于疫情的警觉性程度相对较低。而在 2020 年新冠肺炎疫情暴发之初，便有临床一线医务人员发现原因不明的肺炎，在未经疾病检测和确诊的情况下通过个人社交平台散布了相关信息，对社会起到了一定的警示作用。这个时候社会对于突发公共卫生事件的警觉性有了质的提高。

在这个阶段，政府的官方信息发布可以给予公众极大的心理安慰，使公众得到足够的安全感。疫情初期，还有很多人不是特别了解疫情的严重性，或者是不了解信息的真实性。所以这个阶段疫情信息的发布，应该注重向公众说明新冠肺炎的基本情况，要让公众了解疫情最真实的状况。各级政府要在官方平台，及时有效地发布疫情状况，让公众做好疫情的防控准备。

这一时期的“信息疫情”也同样处于萌芽期，社会公众易受疫情不确定性的困扰。此时，社交媒体上出现的谣言，其实是公众普遍关心但未经证实的信息。各种真假难辨的“病例”信息传播，加大了公众对疫情的恐慌。对于社会管理者而言，此时控制“信息疫情”的方式不是屏蔽信息，而是切实了解公众的需求和担忧，根据已有的信息对公众提供建议，帮助公众认识、了解、分辨疫情。网信部门应加强对疫情话题的监测、分析、研判，做好网络谣言的分类、整理，提出初步解决方案，并及时向有关部门反映。同时，相关部门也要及时辟谣，强化对“信息疫情”的控制和引导工作。对于疫情影响比较大的造谣生事者，要依法进行打击，传播正能量，发布权威声音，最大限度压缩谣言滋生空间，提供专业、权威的信息发布和传输平台。一旦权威的信息在社交媒体传播，可以起到“扩音器”的效果，为疫情防控提供强有力的舆论支撑。

（二）疫情暴发期的建议

在重大疫情的流行暴发期，官方媒体作为政府的“喉舌”，应该充分发挥好信息传递的功能，及时发布疫情的实时动态信息，同时密切关注公众的信息诉求，占领舆论高地，牢牢把控社会舆论方向，发挥好自身的舆论导向作用，平衡好政府和公众之间的关系。在疫情特殊时期，政府发布信息应当具备及时性和准确性这两个重要特征。在疫情全面暴发期，公众会缺乏安全感，只有科学发布信息并进行健康宣传，才能够安抚人心。

2003 年“非典”疫情时期，在疫情完全暴发之前，多数病例尚处于潜伏期，未能引起相关部门的足够重视，官方媒体没有及时报道出现病例的相关信息，以致在疫情扩散时期给人们造成了恐慌紧张的情绪。

相较于 2003 年的“非典”，2020 年的新冠肺炎的政府疫情信息发布能力就有了明显提高。官方发布的渠道更加多样，除了基本的新闻联播，微博、微信公众号的推送，疫情期间的新媒体工具也

得到了充分的运用。相较于报纸、广播等传统媒体，以短视频为代表的新媒体后来居上，影响力不可轻视。除了用户量大的特点外，新媒体发布信息的及时性，也更好地保障了信息的真实性，起到了一定的稳定民心的作用。

因而在疫情暴发期，政府主流媒体更应该及时地发布疫情相关信息。不仅如此，政府还要从单向的信息发布转向双向的信息沟通，要树立面对公共危机事件的主动意识，更要始终坚持以人民为中心，坚持实事求是的务实态度，争取群众支持，增强社会信心，为打赢疫情防控阻击战营造良好的舆论氛围。此外，随着公众不断加深对新冠肺炎的认识，如该疾病主要依靠接触、粪口、气溶胶等几种途径传播被众所周知，公众对疫情的形势猜测不断，恐惧、焦虑情绪也随之蔓延。针对这个现象，湖北省多次以召开发布会的形式解读公众关注的问题，用类似“粪口传播途径比较容易切断”“开窗受到病毒感染，这比中大奖的概率还要低”等通俗易懂的语言为人们答疑解惑，遏止不真实的信息和谣言的传播，及时消除公众恐慌情绪。这种在疫情暴发期，通俗易懂的信息发布，也是需要关注的地方。很多时候，公众对于疫情的严重性或者是疫情的传播途径并不是很了解，这时候的信息发布，一定要注意简单明了，告诉公众，应该怎么做可以保护自己，最简单的语言往往最有效。

此时的“信息疫情”，较前一阶段肯定会有严重的趋势。这时候要号召公众团结起来、共同应对疫情。各种不实信息的累积共同造成了“信息疫情”的传播。在疫情暴发期，大众媒体要主动深入现场，带来真实、生动的现场报道，讲述抗击疫情一线的感人故事，展示人们团结一心、众志成城的强大力量，做好优质的内容传播，将“时、度、效”体现在暖人心和聚民心的舆论宣传上。此时，一些积极正面的报道往往可以给各类谣言带来沉重一击，也会使一些谣言不攻自破。

（三）疫情扩散期的建议

在疫情扩散期，媒体应该重点报道疫情现状、政府防控和预防措施等。通过宣传疫情防控应知应会知识，改善人们不利于疫情防控的日常行为习惯，减少疫情传播风险，稳定社会和民众情绪。甲型 H1N1 流感扩散时期，媒体重视报道疾病发展情况，重点宣传疾病防治措施，及时有效地控制了疫情传播，确保了甲型 H1N1 流感病毒没有形成不可控的大规模扩散情况。2020 年，新冠肺炎疫情进入疫情扩散期时，政府加强健康知识宣传，例如戴口罩、勤洗手、勤通风、不参加多人集会等，也在一定程度上减少了疫情的扩散。

在疫情控制后，要理性对待疫情防控中出现的问题，对信息发布、传输、扩散等过程进行梳理和研究，汲取经验和教训，为以后疫情防控提供科学指导，实现传播路径和效果的最大化。在疫情影响下，政府要把握好信息发布的时机、力度、效果，要对“信息疫情”进行科学研判，在疫情信息的传播过程中，公众对待信息的质疑、理解、鉴别能力直接影响着“信息疫情”的传播效果。

在疫情扩散期，应该找重点、抓典型着重进行教育宣传。在新冠肺炎“信息疫情”中，青少年和老年人是虚假信息、谣言的“易感人群”。这类人群的社会阅历少、对新事件的敏感性和接受能力弱。要提升“易感人群”的媒介素养，除了要加大对谣言、虚假信息的有效疏导，还要帮助青少年、老年人提升鉴别谣言、虚假信息的能力。

（四）疫情消退期的建议

在疫情消退期，媒体应该注重总结整个疫情防控过程中的得失，督促政府建立突发公共卫生事件的应对机制，关注并积极引导社会舆论，致力倡导形成健康的生活习惯和社会行为。在这个时期国家主导的新闻媒体对疫情防控进展情况进行密切追踪，已经形成了完备的信息发布体系，可随时向公众发布疫情防控信息。地方公共媒体针对本区域内疫情进展情况进行播报，中央和地方公众媒体的双向信息传播可以让公众及时了解疫情防控进展，此时已经可以满足公众的信息需求。

对于疫情信息的发布，此阶段要做到系统化地总结与反思，将疫情期间探索的新问题，列举出来，找出应对措施。

“信息疫情”在这一阶段也会进入一段稳定期，可能仍会有不良消息通过非正式沟通传播，这时国家政府部门可以通过线上和线下的方式及时辟谣，让谣言尽可能缩小扩散范围。另外，这一时期，政府应将疫情期间的一些经验直接写入法律，对于严重影响抗击疫情的不实信息，要依法予以严惩。

六、总结

在进入信息时代的2020年，此次新冠肺炎疫情给全人类带来了挑战。从政治沟通的角度来看，结合“5W”模式，在疫情期间，政府、公民、大众媒体等政治沟通主体都担任了不同的角色，并且发挥着不同的作用。网络世界的高速发展，使得疫情信息的发布影响着社会的稳定发展。在不同阶段，怎么样发布信息、发布什么样的信息，都很关键。

新冠肺炎疫情引发的社交媒体时代的“信息疫情”，就政治沟通来说，沟通的媒介出现了问题。这对权威信息的发布与传播提出了巨大的挑战。目前的疫情防控工作已取得显著成效，但是如何科学应对“信息疫情”的负面影响，还有很长一段路要走。一方面，要根据不同的疫情发展时期，采取不同的应对“信息疫情”的策略，以提高人们应对虚假信息、谣言的鉴别能力；另一方面，要充分发挥媒体的作用，重视疫情信息传播的“时效性”，使信息传播进入一个法治化的轨道。

参考文献

[1] 张乐. 联合国人口基金会：全球人口10月31日将达到70亿[EB/OL](2011-10-27)[2020-04-07]. http://news.cntv.cn/world/20111027/100970.shtml.

[2] 栗翘楚. 14亿“人口红利”助力中国经济行稳致远[EB/OL](2020-02-14)[2020-04-07]. http://finance.people.com.cn/n1/2020/0214/c1004-31587292.html.

[3] 张静瑶. 浅析多伊奇的政治沟通理论[J]. 中国报业，2019(24):22-23.

[4] 王囡囡. 基于政治沟通理论基础上的政务微博研究[D]. 上海：复旦大学，2014.

[5] 左志红. 疫情之下各地新闻发布“大考”成绩几何[EB/OL](2020-03-09)[2020-04-07]. http://media.people.com.cn/n1/2020/0309/c40606-31622604.html.

[6] 易艳刚. 社交媒体时代的“信息疫情”[EB/OL](2020-02-21)[2020-04-07]. http://media.people.com.cn/n1/2020/0221/c40606-31598114.html.

The Release of COVID-19 Information from the Perspective of Political Communication

Zang Jingjing

Abstract: Frequent public security incidents in the 21st century have brought great challenges to the development of human society. At the beginning of 2020, the outbreak of COVID-19 has again dealt a blow to public safety of our country. In this epidemic, the government and mass media, as important political communication subjects, play different roles. From the perspective of political communication theory, there are some new problems in national policies, government actions and mass media under the new coronavirus epidemic. This paper tries to put forward solutions from the perspective of stage theory.

Keywords: political communication; COVID-19; information epidemic

基于内容分析法的矿产资源跨期优化配置政策工具研究

曹 明 王 蕊

摘要：从政策工具视角看，矿产资源跨期优化配置是一个在战略层面资源、经济、环境约束下的政策优化选择问题。据此，本文采用内容分析法，提取并清洗了60份矿产资源的政策文本并定义分析了单元与类目、编码、统计分布频数，从政策工具类型（X维度）、资源利用过程（Y维度）与政策作用倾向（Z维度）3个维度、11个方面交叉考察矿产资源政策的应用现状。分析发现，矿产资源政策文本中存在政策工具之间结构失衡、缺乏协同性和自上而下的贯穿性、未能匹配政策生命周期等问题。由此，本文提出重组政策工具内部结构、健全政策工具体系、调整政策工具实施领域等建议，从而平衡政策工具间的组合架构，使政策工具之间良性互动，实现矿产资源可持续利用。

关键词：内容分析法；政策工具；矿产资源；跨期优化配置

一、引言

矿产资源是人类生存与发展的物质基础，不仅为社会经济发展提供能源动力，还是工业制成品的主要原料。虽然我国矿产资源种类齐全、部分矿种储量名列世界前茅，但人均矿产自给程度却低于世界平均水平。我国经济的高速发展过度依赖矿产资源的投入，引发了矿产资源过度开采、矿区生态破坏、大气环境污染等慢性"急症"，日益凸显出矿产资源耗竭、稀缺性增长、供需矛盾、代际不公平乃至全球气候异常等问题，已经成为阻碍国民经济可持续发展的重要因素。矿产资源的储量是一定的，而资源耗竭又是必然趋势。在既有的约束条件下如何实现矿产资源的跨期优化配置，即从时间维度如何合理分配资源、实现资源利用的动态优化。这一优化过程涉及资源、经济与环境的复杂系统问题。从政策工具视角看，矿产资源跨期优化配置是一个在战略层面资源、经济、环境约束下的政策优化选择问题。当前我国矿产资源开发与利用进入了瓶颈期，合理制定政策与选择政策工具对于经济可持续发展十分重要。

二、矿产资源跨期优化配置的研究现状

关于矿产资源跨期优化配置问题的研究持续受到学者们的关注。Hotelling在基础性研究中得出了霍特林法则，认为当资源的价格增长率等于贴现率时可使社会价值达到最大[1]。Dasgupta等构建了最优的理论模型，悲观地指出资源消费和效用最终都趋于零[2]。Stiglitz的研究认为技术进步可以弥补资源损耗的影响，且资源替代可以缓解对于资源的消费需求[3]。Hartwick提出哈特维克法则，指出只要将资源的霍特林租全部用于投资就可以保证资源持续消费[4]。Tietenberg等首次提出了资源开采"跨期"概念，并构建资源跨期有效配置理论模型[5]。

基金项目：国家社科基金项目"矿产资源跨期优化配置政策工具研究"（编号：15BGL175）；国家自然科学基金面上项目"禁售燃油车？环境效应、时机选择和实施策略研究"（编号：71974188）。

作者简介：曹明（1977—），男，江苏省邳州人，中国矿业大学公共管理学院（应急管理学院）副教授，硕士生导师，研究方向为资源经济与政策、公共政策；王蕊（1995—），女，江苏新沂人，中国矿业大学公共管理学院（应急管理学院）硕士研究生，研究方向为公共政策。

Bradley 围绕着霍特林法则展开研究，根据消耗率持续的时间长短来衡量资源的跨期配置，得出跨期分配公平与静态分配问题之间的相互关系[6]。Sinn 在霍特林的“不可再生资源获取模型”基础上提出一个资源获取的基本模型，探讨资源税费的“绿色悖论”现象[7]。

在国内，20 世纪 90 年代以来，关于矿产资源跨期优化配置的研究逐步深入展开。魏晓平等以著名经济学家理论模型为基点，分析总结了矿产资源跨期优化配置的最优开采时空顺序理论、储量、技术、市场结构、税收政策等，提出税费调节机制、准入退出机制、价格形成机制、市场监管机制等市场调控体系可为矿产资源优化配置保驾护航[8]。政策文本内容分析方面，曹明等运用自愿性、强制性和混合型政策工具的分类框架，探讨了新中国成立以来我国矿产资源配置过程中政策工具的应用特征[9]。李世祥等收集了 1986—2016 年 103 份国家能源扶贫政策文件，对政策工具和政策介入主体进行可视化分析，得出政府主导性和强制性使得能源扶贫政策参与主体呈现出多元化趋势[10]。文宏等基于 70 年(1949—2019 年)来防范化解重大风险政策文本的内容分析，梳理出实践历程和重要时间节点，为未来风险治理工作建构了较为系统的框架体系[11]。

综上，国内外关于矿产资源跨期优化配置的理论研究十分丰富，但矿产资源政策领域的研究往往只涉及产权、税费、价格等单一领域，这些领域从政策工具视角出发的政策文本研究尚未见到。因此，本文尝试从政策工具视角，多维度梳理和讨论我国改革开放以来涉及矿产资源跨期优化配置的政策文本内容，探寻政策工具应用的现状与问题，提出选择运用政策工具的建议。

三、政策工具分析框架与文本选择

(一) 政策工具分析框架

政策工具种类多样，不同政策工具间的组合效用不尽相同，为了进行细致、全面且分类合理的探索，以基本政策工具为分析的着力点，构建政策工具类型(X 维度)、资源利用过程(Y 维度)以及政策作用倾向(Z 维度)三维分析框架。政策工具三维分析框架，见图 1。

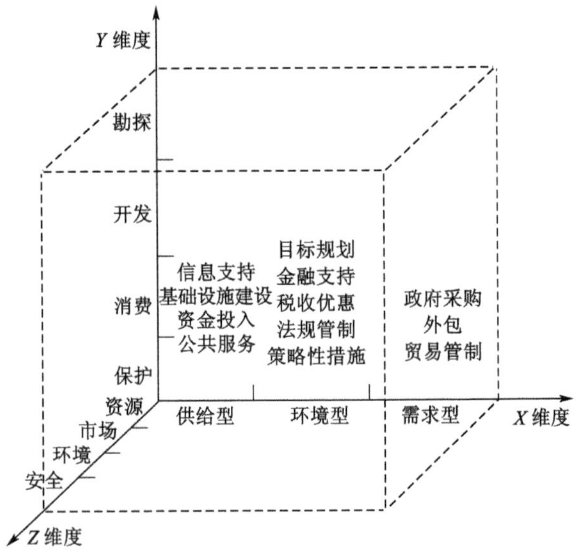

图 1　政策工具三维分析框架

1. 政策工具类型维度

X 维度是政策工具类型维度。关于政策工具，不同的学者从不同的角度给出了自己的定义。休斯认为政策工具是调节政策行为方式的一种机制[12]。Salamon 等认为政策工具是推动政府改革和实施新政策的一种手段[13]。张成福等则认为政策工具通过实施具体的方法和机制达成目标的转化[14]。政策工具是实现政策目标的技术和途径。工欲善其事，必先利其器。政策工具的不当应用会导致政策失败，影响政府治理的绩效[15]。

借鉴 Rothwell 等确定的供给型、环境型和需求型三种类型政策工具分类方法[16]，可对矿产资源跨期优化配置的政策工具进行细分。政策工具类型及含义，见表 1。

2. 资源利用过程维度

Y 维度从矿产资源利用过程分析政策文本。矿产资源配置内在的规律和特点也是决策者制定政策时需要考虑的重要因素，矿产资源的优化配置生命周期由涉及相互作用的勘探、开发、消费、保护等四个环节组成。

3. 政策作用倾向维度

政策作用倾向维度，即 Z 维度，更能体现矿产资源跨期优化配置的内涵。Z 维度具体包含资源、市场、环境和安全等四个层面。

表 1 政策工具类型及含义

类型	工具名称	含义
供给型	信息支持	政府通过健全信息安全网、信息公开平台、数据搜索库等，将相应信息上传到资源存储库供公众参考查询，提供有关矿产资源的信息共享和科技支撑
	基础设施建设	政府通过设立地质勘探局，为采矿业主体提供咨询服务；对采矿运输渠道提供途径支撑，并引用国内外矿产开采技术对采矿商进行培训，加快解决基础设施最后一公里的任务
	资金投入	政府通过投入资金购买服务、再贴现、存款准备金、发放资金补贴或采取招商引资的方式，吸引大量的资金为矿产勘探、开发、利用做好后勤保障
	公共服务	政府提供教育、医疗、基础设施建设、文化等方面的便民服务，满足公民的整体生活、出行等直接社会性需求，促进资源整合和社会需求
环境型	目标规划	政府为达到矿产资源优化配置的战略目标，制定一定的详略得当的规划和愿景
	金融支持	政府通过采取引进资金、给予补贴、现金给付、放宽金融限制、低息贷款、提供贷款担保等措施促进矿产资源优化配置
	税收优惠	政府对从事矿产开采的企业和个人给予减税、免税、出口退税等税收优惠，给企业提升硬实力的空间
	法规管制	政府通过制定法律规范、外汇管制、价格管制、非价格管制等来管制行动主体，从而更好地维护市场和参与主体的活动行为
	策略性措施	在矿产资源优化配置过程中，鼓励开采主体之间优势互鉴，劣势互补，增强合作意识，互相学习，共同商讨，遵守政策举措，引进新技术、新知识，创新技术等策略性措施，为开采主体营造良好的环境
需求型	政府采购	又称公共采购，政府机构通过购买、租赁、委托或雇佣的方式获取所需工程或服务，分为分散采购和集中采购两大类，具有法定的程序和规范的方式
	外包	政府将矿产资源的经销权交给项目群体经营，将矿产资源外包给民间主体从而更好地推动矿产资源优化配置进程
	贸易管制	政府对矿产资源进出口的品种和数量、污染指数进行贸易管制，从而促进矿产资源向节能化、清洁化发展

（二）政策文本的选择及编码

政策文本选择是根据研究目标和时间范围，基于构建的分析框架筛选出各类政策工具类型的政策文本。本文以各类数据库中的研究文献为指引，全面收集整理相关政策文本，经过专家咨询、反复论证，选出改革开放以来 60 份政策文本，经过仔细研读，参照时间属性，从 *X-Y-Z* 维度进行归类编码，形成基于政策工具的矿产资源配置政策文本内容分析单元编码类目表，共计 80 条。

四、矿产资源跨期优化配置政策工具的应用分析

（一）政策工具类型维度分析

X 维度政策工具频数分布，见表 2。

表 2 *X* 维度政策工具频数分布

类型	名称	频数	百分比/%
供给型	信息支持	7	18.75
	基础设施建设	2	
	资金投入	3	
	公共服务	3	
环境型	目标规划	19	68.75
	金融支持	4	
	税收优惠	3	
	法规管制	21	
	策略性措施	8	
需求型	政府采购	4	12.50
	外包	3	
	贸易管制	3	
合计		80	100.00

如表 2 所示，从整体上来看，供给型、环境型和需求型三类政策工具均有使用，体现了多举措并用的特征，但是三类政策工具的使用也存在着明显的差异。环境型政策工具使用频率最高，总计 55 条政策条款，占比 68.75%，说明政府主要倾向于环境型政策工具的牵头作用，以实际环境的变化调整供给的推动和需求的拉动作用。从使用时间来看，政府较早使用环境型和供给型政策工具，而需求型政策工具的集中使用较为靠后。供给型政策工具中的信息支持、环境型政策工具中的税收优惠，都集中分布在 2005 年之后，近十几年来，我国矿产资源配置政策工具的使用更加注重信息和市场的作用。此外，政府逐渐采用金融手段、与

第三方合作等方式，以期拉动市场活力，注重需求型政策工具的使用。

各类政策工具的具体使用比例也不尽相同。在环境型政策工具中，目标规划和法规管制的应用频率较高，占比 50%；税收优惠、金融支持、策略性措施工具占比相对均衡，金融支持和税收优惠占比最少，仅占 5.00%和 3.75%。在供给型政策工具中，信息支持和资金投入使用比例分别达到 8.75%和 3.75%，这说明国家比较重视对矿产资源的开发利用以及前期的数据和方法提供。需求型政策工具的使用频率最低，外包和贸易管制均占了 3.75%，政府采购政策工具使用比例达 5.00%，政府逐步尝试从第三方服务入手支持矿业的发展。

（二）矿产资源利用过程维度

Y 维度政策工具频数统计，见图 2。

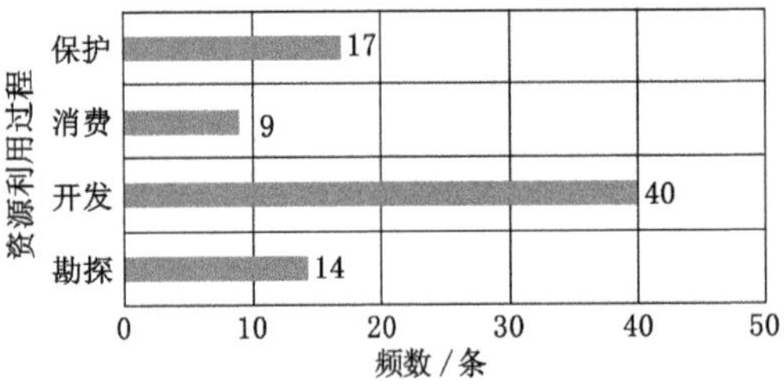

图 2 Y 维度政策工具频数统计

从图 2 可知，Y 维度政策工具使用涵盖了勘探（17.50%）、开发（50.00%）、消费（11.25%）和保护（21.25%）四个环节。矿产开发一直是一个产业发展中最为关键的一环，问题较多，有 40 条政策文本指导开发环节，政府在开发环节颁布的政策措施较为全面，显示出政府高度关注。但是在消费领域则体现出作用力匮乏，仅有 9 条政策文本提及该领域，而资源消费是资源优化利用的源头，如何引导资源节约、提高使用效率需要引起足够的重视。勘探和保护环节政策使用频率较为适中，在既有的条件下，可维持现有政策水平，实现平稳运行。

（三）政策作用倾向维度分析

从时间排列上来看，资源、市场、环境、安全等政策一直从 20 世纪 90 年代延续至今，时间跨度上较为均匀。Z 维度政策工具频数分布统计，见图 3。安全倾向政策工具比例最小，占 13.75%，可能是资源战略方面缺乏足够的应对手段；市场倾向政策工具占 21.25%，也相对较低，但从过程来看，市场经济的资源配置基础作用逐步强化；资源和环境倾向政策工具比例相对较大，政策资源更倾向于在资源管理（26.25%）、环境保护（38.75%）方面规范资源开采以及解决开采过程中的环境外部性问题。

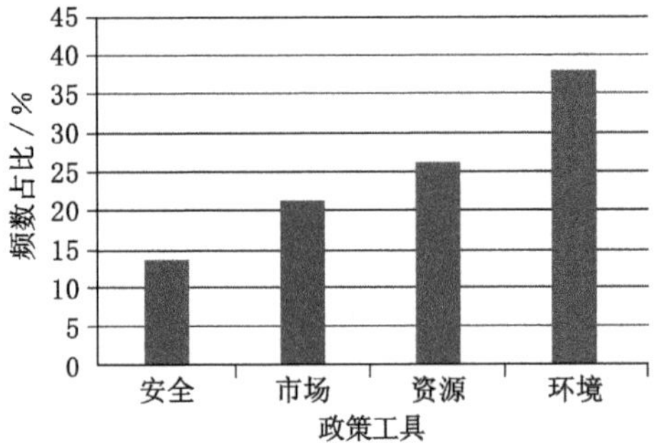

图 3 Z 维度政策工具频数分布统计

（四）不同资源利用过程与政策工具选择

将政策工具维度与资源利用过程维度进行 X-Y维度交叉分析，见表 3、图 4。在矿产资源的勘探环节，以环境型和供给型的政策应用为主，需求型的政策工具应用较少。此外，政府在矿产资源配置方面资金投入严重不足。在矿产资源的开发环节，环境型政策工具使用频数最高，供给型政策工具次之，而需求型政策工具则出现应用缺位。在矿产资源的消费阶段，供给型政策工具和需求型政策工具的应用都处于空缺或缺位状态。在矿产资源的保护环节，信息支持、资金投入、政府采购、外包等类型的政策工具使用频数极少，政策资源投入不足。

表 3 X-Y 维度政策工具频数分布统计 单位：条

资源利用过程	政策工具类型											
	供给型				环境型					需求型		
	信息支持	基础设施建设	资金投入	公共服务	目标规划	金融支持	税收优惠	法规管制	策略性措施	政府采购	外包	贸易管制
勘探	7	0	0	0	3	0	0	5	0	0	1	0
保护	0	0	0	0	7	1	0	5	4	0	0	0
消费	0	0	0	0	3	2	1	0	2	0	0	1
开发	3	2	3	0	11	1	1	11	3	0	2	1

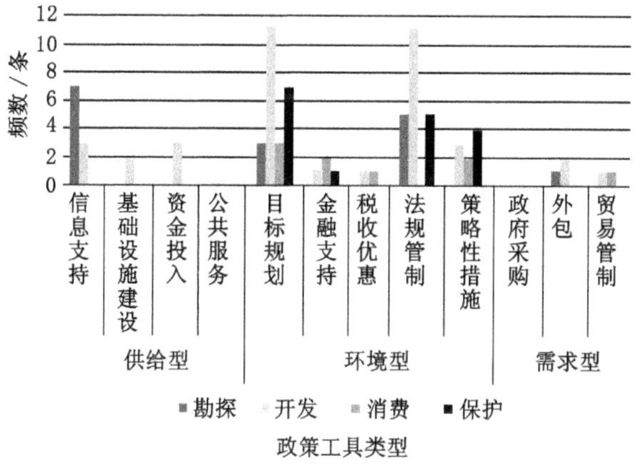

图 4　*X-Y* 维度政策工具频数分布统计

（五）不同政策作用倾向与政策工具选择

X-Z 维度政策工具频数分布统计，见表 4、图 5。从中可知，*X-Z* 维度交叉分析反映出政策作用倾向之间的政策工具使用较为均衡，每个方面都有涉及。在“安全”政策作用倾向上，使用频数较高的是环境型政策工具中的法规管制、目标规划和策略性措施。但在公共服务、基础设施、政府采购、贸易管制等方面仍应发挥指引作用。在“环境”政策作用倾向上，法规管制和目标规划使用比率较高，法规管制的强制性对于矿产资源跨期优化配置来说是较为有效的，但不能忽视政府采购、外包以及贸易管制政策工具的实施。在“市场”政策作用倾向上，政策发力点着眼于信息支持和法规管制，在基础设施建设、公共服务、税收优惠、策略性措施方面的作用力度较弱。在“资源”政策作用倾向上，政府忽视了资金投入、政府采购、外包等方面的作用。

表 4　*X-Z* 维度政策工具频数分布统计 单位：条

政策作用倾向	政策工具类型											
	供给型				环境型					需求型		
	信息支持	基础设施建设	资金投入	公共服务	目标规划	金融支持	税收优惠	法规管制	策略性措施	政府采购	外包	贸易管制
安全	1	0	0	0	2	0	0	6	2	0	1	0
环境	2	1	1	4	5	2	1	7	3	0	1	0
市场	4	0	2	0	3	2	0	5	0	3	1	1
资源	3	1	0	0	5	0	1	1	4	0	0	1

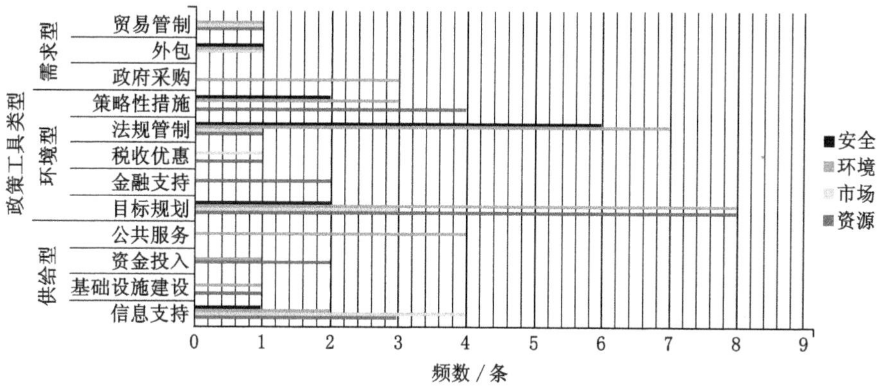

图 5　*X-Z* 维度政策工具频数分布统计

五、结论及建议

（一）主要结论

1. 政策工具应用存在过溢或缺失

从统计结果可以看出，我国经济增长和矿产资源优化配置方面存在半脱钩困境[17]，政策工具使用间相互掣肘，呈现出环境型政策工具独占鳌头，供给型政策工具不足，需求型政策工具冰山一角的特点。具体来说，供给型政策工具中以信息支持措施为主，而资金投入、基础设施建设和公共服务出现漏斗效应。环境型政策工具中法规管制、策略性措施工具占据半壁江山，税收优惠和金融支持政策工具尚未充分发挥长效作用。需求型政策工具呈现分散现象，且应用比例严重不均。

2. 政策工具之间缺乏协同性和自上而下的贯穿性

从政策文本中很难清晰提取出自上而下的连续性政策条款。一方面，由于部门之间沟通不畅及资源整合难度较大，矿产资源政策工具政出多门，缺乏管理上的统一，因而很难确保不同政策工具之间的协同性和自上而下的贯穿性。另一方面，政府的政策选择和调控的意识不强，依赖既有路径，在供给、环境、需求型政策工具使用上呈现差异化，未能对各个领域分类施策、区别指导。

3. 政策工具选择未能遵循资源生命周期规律

现行的资源优化配置政策工具的选择未能根据政策作用场域有针对性地制定，未能充分考虑政策工具运用过程中的条件以及政策实现的可能程度，相关的配套政策和规定都还不够成熟。此外，矿产资源配置中的问题具有动态性，由于政策工具分布不均衡，加之资源枯竭的速度不断变化，进而导致部分政策工具的选择未能与资源生命周期匹配。

（二）完善政策工具应用的建议

1. 工具重组，优化矿产资源政策工具的应用结构

政策问题、内部条件和外部环境因素是政策工具选择的出发点和落脚点。要发挥供给型和环境型政策工具的既有效用，以及需求型政策工具的驱动效能，从而实现三种政策工具之间的协调与优化。第一，政策工具不仅要强调目标规划，也要重视金融支持和税收优惠的经济引领作用。第二，完善供给型政策工具的内部结构，强化发挥整体效应。第三，发挥需求型政策工具的驱动作用，重视市场作用、政府采购工具的应用、外包和适当的引入贸易管制工具[18]。

2. 加强创新，健全政策工具体系

政策工具的运用应因时、因势而变，应打破原有的路径窠臼，创新健全政策工具体系。第一，建设学习型政府，引进资源补偿税、用者付费等激励性政策工具。第二，利用政府部门、市场和社会三种力量的组合，规范各个主体，统筹兼顾，实现政策资源合理分配。第三，利用“互联网＋”公共服务，完善第三方稳定风险评估机构、全国生态环境监测网络，以及矿产资源税费制度和资源耗竭补贴制度[19]，规范勘探开采、利用保护，及时跟进环境变化以选择合适的矿产资源政策工具。

3. 视域多元，调整矿产资源政策工具的实施领域

只有政策工具与周围的环境、作用主体相契合，才能将作用发挥得淋漓尽致，使政策工具完美吻合环境和实施领域诉求，营造资源不断向好发展的有利局面。政府决策者应该调整政策工具的组合应用，理顺彼此的关系，才能实现政策工具之间的良性互动。一方面，确定矿产资源优化配置的战略目标，遵循资源生命周期理论，确保矿产资源政策的连续性和稳定性。另一方面，实现新旧政策工具的良好融合，根据阶段性目标协调政策的侧重点，因地制宜选择政策组合工具，合理分配政策工具使用结构和体系，发挥“1＋1＞2”的效能。

参考文献

[1] HOTELLING H. The economics of exhaustible resources[J]. Bulletin of mathematical biology, 1991, 53(1): 281-312.

[2] DASGUPTA P, HEAL G. The optimal depletion of exhaustible resources [J]. The review of economic studies, 1974, 41(5): 3-28.

[3] STIGLITZ J. Growth with exhaustible natural resources: efficient and optimal growth paths[J]. The review of economic studies, 1974, 41(5): 123-137.

[4] HARTWICK J M. Intergenerational equity and the investing of rents from exhaustible resources[J]. The American economic review, 1977, 67(5): 972-974.

[5] TIETENBERG T H. Environmental and natural resource economics [M]. 3rd ed. New York: Harper Collins, 1992.

[6] BRADLEY R. Resourceship: an Austrian theory of mineral resources [J]. The review of Austrian economics, 2007, 20(1): 63-90.

[7] SINN H W. Das grüne paradoxon: warum man das angebot bei der klimapolitik nicht vergessen darf[J]. Perspektiven der wirtschaftspolitik, 2009, 9 (s1): 109-142.

[8] 魏晓平，李媛. 矿产资源跨期优化配置研究与展望[J]. 河北学刊，2015，35(1)：130-135.

[9] 曹明，阳永连. 我国矿产资源配置政策工具应用研究[J]. 资源开发与市场，2017，33(10)：1193-1196.

[10] 李世祥，陈岗岗，吴巧生. 中国能源扶贫政策发展阶段及演变特征研究[J]. 江西理工大学学报，2019，40(2)：109-116.

[11] 文宏，陈路雪，李玉玲. 新中国成立70年来防范化解重大稳定风险的发展脉络与演化逻辑：基于1949—2019年政策文本的内容分析[J]. 行政论坛，2019，26(5)：22-30.

[12] 休斯. 公共管理导论[M]. 2 版. 彭和平,等译. 北京:中国人民大学出版社,2001.
[13] SALAMON L M, ELLIOTTO V. The tools of government: a guide to the new governance[M]. Oxford: Oxford University Press, 2002.
[14] 张成福,党秀云. 公共管理学[M]. 修订版. 北京:中国人民大学出版社,2007.
[15] 韩振燕,金晶. 政策工具选择的系统模型研究[J]. 甘肃理论学刊,2009(4):138-142.
[16] ROTHWELL R, ZEGVELO W. Reindustrialization and technology[M]. Armonk: M. E. Sharpe, 1985.
[17] 沈镭,武娜,钟帅,等. 经济新常态下中国矿业供给侧改革发展战略研究[J]. 中国人口·资源与环境,2017,27(7):8-17.
[18] 刘欣. 矿产资源管理中的"两权分立"与"三权分管"[J]. 宏观经济管理,2016(2):29-32.
[19] 范宝学,赵硕嫱. 矿产资源优化配置的税费制度研究[J]. 税务与经济,2016(1):86-89.

Research on Policy Tools for Intertemporal Optimal Allocation of Mineral Resources Based on Content Analysis

Cao Ming Wang Rui

Abstract: From the perspective of policy tools, the intertemporal optimal allocation of mineral resources is a problem of optimal policy selection under the constraints of resources, economy and environment at the strategic level. Based on this, this paper adopts content analysis method to extract and clean 60 policy texts of mineral resources, define and analyze the units and categories, coding and statistical distribution frequency, and cross-examine the application status of mineral resources policy from 11 dimensions including policy tool type (X dimension), resource utilization process (Y dimension) and policy action tendency (Z dimension). It is found that there are some problems in mineral resource policy texts, such as structural imbalance, lack of coordination and top-down penetration among policy instruments, and failure to match policy life cycle. Therefore, this paper proposes to restructure the internal structure of policy tools, improve the system of policy tools, adjust the implementation areas of policy tools and other suggestions, so as to balance the combination structure of policy tools, make the positive interaction between policy tools, and realize the sustainable utilization of mineral resources.

Keywords: content analysis; policy instruments; mineral resources; optimize the configuration across time

3

教育改革

Educational Reform

澳大利亚本科职业院校使命陈述的文本解读

李淑清

摘要：澳大利亚本科职业院校培养了大量的高水平应用人才，形成了独具特色的人才培养模式。我国本科层次高等职业教育的发展尚处于起步探索阶段，澳大利亚的成功经验一定程度上能为我国本科职业教育发展提供参考。基于此，本文基于文本分析的视角，以澳大利亚24所本科职业大学为研究对象，采用词频分析方法对大学使命陈述的关键词进行统计分析，比较发现其共性特征为：强调知识的实践性、鼓励创新发展、重视培养合作伙伴关系、以行业为导向加强课程建设等，同时各校也具有不同个性特征。我国本科层次职业教育处在试点阶段，可借鉴其成功经验，明确自身使命内涵，加强国际交流合作，打造自身品牌特色，进一步提升教育水平与应用人才培养能力。

关键词：本科职业院校；使命陈述；文本解读

近年来，随着《国家中长期教育改革和发展规划纲要（2010—2020年）》《国务院关于印发国家职业教育改革实施方案的通知》的相继出台，关于本科职业教育的发展问题逐渐引起公众关注。我国本科职业教育的发展还处于起步探索阶段，尚未形成完整规范的发展体系，一系列问题亟待解决。相比之下，澳大利亚本科层次高等职业教育的发展历史悠久，其经过长期的改革探索后已形成独具特色的本科层次人才培养模式，这对于我国本科职业教育的发展具有参考意义。

大学的使命陈述是大学特色、价值和意义的集中体现，反映了大学的办学定位、宗旨以及目标。因此，本文以澳大利亚本科职业院校的使命陈述为切入点，旨在通过对样本院校的使命陈述进行分析，总结概括出澳大利亚本科职业教育的特色模式，为我国本科职业院校建设提供可借鉴的经验。

一、理论概述

（一）本科职业教育

本科职业教育，是国家为满足社会发展对高水平应用人才的需求，在高等职业教育中开展的本科层次的职业教育。职业教育的层次提升和高等教育的结构调整的汇集点即本科职业教育，本科职业教育作为职业教育与高等教育的跨界教育，在培养目标、培养方式、专业建设、课程结构、教师队伍结构、学习场所等方面应有别于普通本科高等教育。虽然各国对于本科层次职业教育具体称呼的使用有所不同，例如，德国称“应用技术教育”、澳大利亚称“应用型教育”，但是在本质上都是本科层次职业教育，培养本科层次专业人才。

放眼全球，本科职业教育历史悠久。澳大利亚在1965年为了调和教育与人才需求之间的矛盾，创建高级教育学院，使之成为与大学平衡的职业教育、培养社会需求的应用型人才的高等教育机构，本科职业教育在澳大利亚获得初步发展。1973年，澳大利亚联邦政府明确提出把技术教育与继续教育结合在一起、把学历教育与岗位培训结合在一起，成立了技术与继续教育委员会，为本科层次职业人才的培养提供了更多路径，本科职业教育在澳大利亚更进一步发展。20世纪70年代，美国率先在特洛伊大学、南伊利诺伊大学卡本

作者简介：李淑清（1997—），女，山东郯城人，中国矿业大学公共管理学院（应急管理学院）硕士研究生，研究方向为应急管理、教育管理。

代尔分校、西北密苏里州立大学和纽约时装学院试行应用型学士学位。20 世纪 80 年代,美国的部分州至少有 1 所学院或大学能提供应用型学士学位。1994 年第四版卡内基分类做出调整,进一步细化了四年制本科层级的分类标准,增强了对文理学科与应用技术学科之间的区分度,体现了职业教育和技术教育在四年制本科院校中重要性的提升,本科层次职业教育在美国快速发展。同样的,德国在 20 世纪 60 年代末开始重视本科层次职业人才的培养,将工程师学校、工业设计高级应用科技学校、社会服务应用科技学校等工程技术类学校合并创办应用科技大学。1980 年 11 月,德国文化部长联席会议同意应用科技大学获得与综合性大学等值的学位授予权,进一步明确了应用科技大学与综合性大学等值的办学水平和层次地位,德国本科层次职业教育获得全新发展。[1]

我国自改革开放以来就在有意识进行应用型人才培养模式的探索,但关于"本科层次职业教育"的说法近些年才提出。2014 年《国务院关于加快发展现代职业教育的决定》首次提出探索本科层次职业教育,根据区域发展特别是产业转型升级需求,采取试点推动、示范引领等方式,引导一批本科高等学校向应用技术类型高等学校转型,重点举办本科职业教育。根据该决定,2015 年,我国正式开始应用型高校转型试点。2019 年,《国务院关于印发国家职业教育改革实施方案的通知》特别强调,完善学历教育与培训并重的现代职业教育体系,开展本科层次职业教育试点。

近年来,我国职业教育快速发展,为我国经济建设与社会发展培养了大批技能型人才,为推动社会就业做出了重要贡献。但同时要看到,现阶段的职业教育也存在一些局限,尤其是与发达国家相比,我国职业教育体系尚不完善。我国对于本科职业教育的探索还有很长一段路要走。因此,从澳大利亚本科职业院校的使命陈述出发,探究其应用人才培养模式的目标、路径与价值观,对我国建设具有自身特色的本科职业教育具有重要意义。

(二)使命陈述

在组织中,使命是人们对所属组织责任的主观赋予,是对组织必须承担的责任的一种认定,主要表现为对组织的价值判断、价值选择和价值追求的明确表达。使命陈述是对使命的文字陈述,大学的使命陈述反映了大学的办学定位、宗旨以及办学目标,不同类型高校的使命陈述有其自身的特色和特点。

20 世纪 80 年代以来,使命陈述在各国的各种组织包括高校中盛行,由此国内外出现了关于高校使命陈述的"研究热"。国内外学者针对大学使命陈述的研究主要集中于大学使命陈述有用无用论的争议上。在支持大学使命陈述有用论的观点中,有学者认为一个清晰的使命陈述能帮助大学这一组织中的成员区别哪些是适应组织的活动,而哪些不是[2]。有学者认为有效的大学使命陈述是一个积极主动的文件,它能准确地反映一所大学的目标和理念[3]。而支持大学使命陈述无用论的学者们并不这么认为。有学者认为,对于高校的内部治理,使命陈述与其他工具相比,是作用微乎其微甚至无效的工具[4]。

在对大学使命陈述进行争论后,学者开始试图从大学使命陈述的制定过程上研究其是否具有科学性。研究证明,大学使命陈述的制定过程是相对科学的,且与大学制定战略计划密切相关。有学者认为,使命陈述被认为是一个仓促的活动,它不涉及组织的大部分成员,并对高校管理的影响非常有限。这些问题带来对大学使命陈述的探索,寻找大学使命陈述是如何运作的必要性[5]。大部分学者对大学使命陈述的研究都在"大学使命陈述是有用的""大学使命陈述的制定过程是科学的"两个前提下展开,逐渐从最初思辨论证的定性研究转向大量的定量研究。但是,在现有的研究中对大学使命陈述的认识也发生了两个方向的分化:一类文章将大学使命陈述作为研究其他变量的参照,另一类文章则致力于挖掘不同类型大学使命陈述本身的特点。在关于大学使命陈述的话语分析方面,有学者将企业使命陈述九要素框架引入大学使命陈述的分析,并用实证研究证实了商学院大学使命陈述、学校规模大小等结构特征与学校绩效之间的关系[6]。国内有学者着眼于国内院校,同样借鉴了使命陈述九要素框架,揭示了大学使命陈述的价值与意义,着重厘清了我国大学使命陈述与章程、校训、远景、战略目标等概念的异同[7]。

综上,澳大利亚现阶段的本科职业教育发展

已经相对成熟,其发展体系可为我国进一步发展本科职业教育提供参考,而通过研究澳大利亚本科职业院校的使命陈述,也对其办学理念与教育体系形成有了更直观的了解。因此,为进一步探究我国本科职业教育的可优化路径,本文以澳大利亚24所本科职业院校使命陈述为研究对象,通过文本分析的方法,探求澳大利亚本科职业院校中的共性与个性,总结其成功经验,为我国本科职业教育提供一定的参考。

二、样本选择与文本分析

在对澳大利亚本科职业院校的使命陈述研究中,本文选取了以澳大利亚科技大学联盟为核心的24所应用型本科院校(表1)作为研究对象。

表1　24所澳大利亚应用型本科院校名单

序号	院校名称	序号	院校名称
1	悉尼科技大学	13	乐卓博大学
2	墨尔本皇家理工大学	14	弗林德斯大学
3	科廷大学	15	詹姆斯库克大学
4	南澳大学	16	莫道克大学
5	昆士兰科技大学	17	邦德大学
6	麦考瑞大学	18	西悉尼大学
7	伍伦贡大学	19	中央昆士兰大学
8	斯威本科技大学	20	堪培拉大学
9	迪肯大学	21	南昆士兰大学
10	格里菲斯大学	22	查尔斯特大学
11	查尔斯·达尔文大学	23	埃迪斯·科文大学
12	纽卡斯尔大学	24	维多利亚大学

笔者把搜集到的相关高校使命陈述译文全部汇集到Word文档中,然后仔细阅读使命陈述文本,对每一所大学的使命陈述都进行认真的分析和核对,对具体文本逐句进行分析,根据要素出现的频率和内容进行评价。

本文在对使命陈述进行要素选择时,考虑到本科职业学校教育的特殊性及其现实特点,因此在参考学者们提出的9项使命陈述关键要素编码框架的基础上,逐句分析各学校的使命陈述,理解其具体内涵,对其关键语句进行总结。诸如"大学在全球和全国范围内与学术、研究和行业领袖结成伙伴关系,帮助建立一个充满活力和成功的社会""通过与学生、利益相关者、行业和社区建立联系和合作,我们努力成为澳大利亚最具吸引力的大学"等之类的表达具有相同的侧重点,即关注合作,可总结为"合作、交流、伙伴关系",经过反复验证选择最优化表达,忽略掉无效词句后,最终概括出"价值观""教学和研究""创新""合作交流""知识传播""学校发展"等六个高频要素。24所澳大利亚应用型本科院校使命陈述关键词统计结果,见表2。

表2　24所澳大利亚应用型本科院校使命陈述关键词统计结果

要素(出现频率/次)	使命陈述的相关表述
价值观(22次)	卓越、创新、创业和社会公正;致力于个人权利、道德标准和社会正义;追求卓越、正直、负责和人人机会平等;改变生活,改变世界
教学和研究(21次)	学校的课程设置、学习经验和授课方法高度响应行业和职业不断变化的需求;通过启发式的教学、具有影响力的研究以及与行业、专业和社区的伙伴一起来促进学习;追求卓越的教学和研究
创新(20次)	致力于卓越、创新、创业和社会公正;通过即将就业的毕业生从事行业研究来促进创新;因卓越的创新教学和研究而获得全球认可;承担着将快速创新、高技能知识经济的好处共享到整个社区和世界的任务
合作交流(16次)	大学在全球和全国范围内与学术、研究和行业领袖结成伙伴关系;致力于合作文化;与合作伙伴一起创造更高水平的创新和影响力;成为工业、教育和社区的首选合作伙伴;与商业、工业、政府和其他教育机构合作
知识传播(12次)	致力于研究、创新和传播具有公共价值的知识;将快速创新、高技能知识经济的好处共享到整个社区和世界的任务
学校发展(9次)	成为世界领先的科技大学;成为积极变革的灯塔;成为国际公认的研究领域的世界领先者

在对要素进行分类的过程中,明确提及的要素编码为1,否则要素编码为0。例如,A高校的使命陈述中提到了"大学致力于卓越、创新、创业和社会公正——这是大学的价值观,正推动着大学成为世界领先的科技大学",则"价值观"这一要素就编码为1,如果没有类似上述描述,则该要素编码为0。如果该高校交替出现此类描述,按照单一次数进行记录。需要强调的是,鉴于使命陈述关注"是否陈述""陈述什么""如何陈述",且本次研

究主要关注学校使命陈述文本呈现的要素，因此对于需要实际考量学校是否有相关要素的表现，或者使命陈述中的语言表意模糊，需二级引申推论的，都一律不统计。

由于要素分类是基于笔者自己的主观评价，一定程度上会受笔者主观思维的影响，为了尽量避免结果过多地被笔者的主观评价所影响，保证研究的客观性，笔者邀请了两位同学一起参与要素分类。笔者讲述了自己对于文本的分类过程，两位同学进行学习理解，之后独立地对几篇高校使命陈述文本进行要素分类，然后对比结果，针对遇到的问题进行再讨论。反复寻求对于关键要素的最优化表达，确保使命陈述的关键句都会被进行要素分类，接着进行频率统计。

最后，笔者利用词频统计软件，对 24 所澳大利亚应用型本科院校的使命陈述全文进行高频词汇统计，删除掉“的”“了”等无效词语后，将有效词语汇总（表 3），对表 2 总结的关键词进行验证。

表 3　24 所澳大利亚应用型本科院校使命陈述关键词词频统计

关键词	词频/次	权重
学习	23	0.959 8
创新	18	0.935 8
合作	16	0.914 2
世界	14	0.896 3
卓越	11	0.890 2
知识	12	0.881 9
行业	12	0.878 7
课程	10	0.864 5
教学	10	0.864 2
环境	11	0.864 0
国际	10	0.844 7
价值观	7	0.835 2
伙伴关系	5	0.805 4
职业	6	0.797 7

通过分析，笔者发现，“学习”“创新”“合作”以及对于价值观内涵的表述占比较大，与笔者整理的使命陈述重要因素相契合，这就在一定程度上反映了所选取的 24 所样本大学在使命陈述上具有某些共性。同时，有些院校还具备其他院校未提及或详细阐述的内容，这也是各院校使命陈述的个性。

三、澳大利亚应用型本科院校使命陈述的特性分析

（一）共性特点

1. 将“愿景”与“价值观”相结合，对使命陈述内容进行充实与提升

通过研究发现，不少大学在进行使命陈述时，都提及了“愿景”与“价值观”。其中，公平正义、卓越、个人权利等价值观在 22 所大学中均有所提及，虽然各自侧重点不同，但都在一定程度上体现了使命陈述的内涵。通过文本解读发现，大部分院校的“愿景”“价值观”都与使命陈述相关联，能够对使命陈述的内涵进行解释。其中，有些院校直接借助二者对使命陈述进行阐述，还有些院校在此之外还涉及诸如“与社区的关系”“大学职工”等其他内容。

总体来看，“愿景”“价值观”与“使命陈述”三者之间存在如下关系。一方面，部分大学通过“愿景”“价值观”对使命陈述进行细化[8]。比如，悉尼科技大学的目标使命是“通过受研究启发的教学、具有影响力的研究以及与行业、专业和社区的伙伴关系来促进知识和学习”，在其价值观中提到了“致力于卓越、创新、创业和社会公正”，与其自身的学校定义相契合，即致力于研究、创新和传播具有公共价值的知识。这就对其目标使命的实现路径进行了详尽阐述。再如，南昆士兰大学在使命陈述中直接指出，“我们正在培养一种以价值观为导向的文化——一种围绕人际关系和社区，相互尊重、多样性、包容性以及对道德和诚信、协作、创造力和创新的坚定承诺而构建的文化。”对于价值观的追求成为使命陈述的重要组成。另一方面，也存在“愿景”对于详尽的使命陈述进行总结性概括的情况。例如，昆士兰科技大学通过“真实世界学习 2020”愿景勾勒出学校对毕业生和学习者体验的明确愿望，其使命陈述内容是为实现愿景制定的具体措施。

但不论是哪种关系，三者的内容在本质上是统一的，在一定程度上相互呼应、相互补充，其目的都是对大学的未来、价值、责任进行阐述。

2. 重视“教学和研究”“知识传播”，强调教学结果的实践性与适应性

“教学和研究”作为大学最根本的职能，是任何一所大学都无法忽视的重点。在文本样本中，21所大学对这一职能进行了详尽的表达与阐述。但与综合性大学和研究型大学不同的是，应用型大学的教学与研究更强调实践性与适应性，其教学成果与研究成果要经得起实践的考验。它们适应行业与职业的变化与需求，致力于培养专业性人才，并且在教学与研究中强调企业和社区的重要性，第三方参与教学成为其发展的重要推动力量，通过引入第三方参与为学生提供更多机遇。通过文本解读，“应用学习”“行业实践”“行业相关性”等词语被频繁提及。例如，斯威本科技大学提出“针对准备就业的毕业生开发灵活、包容、相关和高度参与的学习实践课程；针对创新，进行社会影响和全球行业相关性的先进研究；在教学和研究中，与行业、政府和社区建立牢固的联系。”墨尔本皇家理工大学提出“在企业实践中学习；借鉴行业实践的前沿；向潜在雇主和投资者介绍学生；鼓励学生融入城市和世界的生活；帮助学生创业成功。”

“知识传播”作为大学的另一重要职能，在大学的使命陈述中被反复提及。应用型大学的特点在于，知识要回归实践，强调学习到的东西可以真正转化为价值。因此，研究、创新和传播具有公共价值的知识具有更重要的意义，将局域性的知识扩散开来，创造更大的价值。墨尔本皇家理工大学提出大学承担着将快速创新、高技能知识经济的好处共享到整个社区和世界的任务。查尔斯特大学将分享自己的知识和专业知识作为一个重要的区域性出口产业。一方面，这种知识的传播顺应了全球化的发展要求，让知识在全球范围内共享，实现知识利用的价值最大化；另一方面，传播知识的过程也是知识应用实践的过程，事实证明，在传播的过程中也证明了知识具有应用性与实践性，交流双方将自己的经验补充进知识中，不断对知识进行再创造。

3. 加强合作交流，建立合作伙伴关系，尤其重视国际化与全球化合作

随着经济的快速发展，封闭发展已经不再符合社会发展潮流。大学作为人才培养的重要基地，更应该主动关注外界发展趋势，寻求多方合作。澳大利亚应用型院校在使命陈述中将建立伙伴关系，尤其是对国际化与全球化的合作关系进行了重点强调。

通过文本分析，“合作交流”“伙伴关系”“国际化合作”是各学校使命陈述中多被提及的要素，其中包括多种合作关系。例如，悉尼科技大学的目标是通过与行业、专业和社区的伙伴关系来促进知识和学习，强调与行业、社区之间建立伙伴关系。昆士兰科技大学继续致力于文化合作，与员工和学生以及行业和社区合作伙伴进行密切合作，这里强调的是员工与学生之间的合作。而科廷大学主张“全球公民意识”，通过一个吸引人的数字环境向世界各地的各种学习者提供学校课程，突出强调了其追求合作发展的全球化与国际化。

通过与多方建立合作伙伴关系，学校为学生提供了更多的实践机会，创立了实习操作平台，这有利于学生真正实现知识的实用化。同时，通过合作将国际先进经验引入教学，这在拓宽学生视野的同时，也促进了学校的可持续发展。

（二）个性特点

分析所选取的24所样本大学，其具有“重视合作”“强调课程的实践性”“注重愿景与价值观”等共性特点，但同时，其大学使命也具有各自的特色。正是各自不同的使命特色，形成了不同的校园文化氛围，满足了各自不同的发展需求。

1. 课程设置

学校的课程设置作为学校人才培养方式的主要体现，具有一定的独特性。有的学校课程设置相对集中于特定领域，类型比较单一，也有的学校课程设置广泛，注重课程的创新发展。例如，南澳大学在全球和全国范围内与学术、研究和行业领袖结成伙伴关系，帮助建立一个充满活力和成功的社会。其通过提供广泛的学位课程，包括商业、法律、教育、艺术和社会科学、健康科学、信息技术、工程和环境等，为学生提供未来职业生涯最好的开端，学校与行业和专业合作，开展相关的前沿性研究，并与社区进行有意义的接触。昆士兰科技大学在提出的“真实世界学习2020”愿景中主张为课程负责人和团队提供战略支持和资源，以实现课程的高效转型，拓展以市场为导向的高质量

持续专业学习课程，利用广泛的证据基础和多角度来为学校决策提供信息。在课程的提供方式上，有的学校也进行了创新。例如，科廷大学的学习课程是通过一个吸引人的数字环境向世界各地的各种学习者提供，学生的经验集中在领导力、行业和全球公民意识上。

2. 合作对象的选择

合作交流是各院校都强调的重点，但细化分析发现，不同院校在合作方式与合作对象上的选择上具有不同的侧重点。有的学校强调学校与政府和社区的关系，例如，麦考瑞大学认为“大学使社区成为力量和创造力的来源”，主张与社区建立伙伴关系来服务于社区。有的学校强调与行业、企业合作的重要性，例如，墨尔本皇家理工大学提出“让学生、专家和雇主一起工作；在企业实践中学习”。还有一些学校放眼全球，主张加强国际化合作，建立全球伙伴关系，例如，纽卡斯尔大学提出“我们将通过对地方、国家和全球问题的相关研究，把我们的解决方案带向世界”，中央昆士兰大学的目标则是为澳大利亚和国际上的学生、合作伙伴和社区提供世界级的、变革性的教育和研究。

3. 个性化发展的方式

强调个性化发展与自身的可持续发展是很多学校都提及的问题，但值得关注的是，各学校鼓励个性化的方式各有特色。例如，伍伦贡大学致力于为学习者提供个性化的体验，继续努力营造优秀的研究环境、建立强大的研究生院和制定明确的激励机制，研究推动生产力的提高，完成与学生需求、研究生成果和新技术使用相关的课程改革，与校友建立一个终身网络，建立可持续性的高效和富有成效的大学。迪肯大学通过创新的数字参与来增强个性化发展，通过创造机会在一个相互联系、不断发展的世界中生活和工作，珍视学习者的多样性，拥抱差异，培育一个相互联系、安全和尊重的社区，并关心共同的未来，把可持续发展的经济、环境和社会层面纳入学校的所有工作中。

四、对我国本科职业教育发展的启示

（一）明确自身使命内涵，使命陈述坚持愿景与价值观的一致性

学校在确定自己的使命陈述时，应该明确自身的使命内涵，尤其要清楚学校发展定位，清楚作为一所大学本身所应该具备的最核心的价值观有哪些。通过对24所大学使命陈述的具体分析可以看出，对于“社会公平”“卓越”这些价值观的追求被放在了重要位置。而我国高校的使命陈述中虽有对价值观的提及，却很少有对此的详细论述，或是将价值观与愿景以及使命陈述割裂开进行表述。因此，我国本科职业院校在阐述大学使命陈述时，都不能脱离了价值观，在制定办学指南时要以此为指导，实现发展规划与价值观内涵的一致性。

（二）加强与外界的合作交流，引入社会力量，尤其是加强国际合作，积极与国际接轨，融入世界发展潮流中

随着世界的发展，个体自身的单独发展已经无法适应发展要求，高校也不例外，将自己封闭起来无法获得长远的发展。在样本分析中，澳大利亚积极推动社会力量、企业与学校进行交流互动，形成伙伴关系，为学生的实习与创新创业提供了充足的机会。更值得关注的是，澳大利亚的应用型本科积极拓宽国际关系，与世界各国相关机构进行合作，主动与国际接轨。我国的本科职业院校正处于起步阶段，发展过程相对独立，从长远来看，各院校应该积极拓展与外界的联系，引入第三方力量参与教学，主动与相关企业进行对接合作，为学生提供实操机会。同时，要抓住机遇，打破地域、国界限制，坚持“走出去”与“引进来”相结合，与国外高校交流学习，建立学生交流制度，沟通交流渠道，学习国外先进培养经验，提高学生的专业竞争力与院校的自身影响力。

（三）发现并发挥自身的优势，打造自身独一无二的品牌特色

通过样本分析可知，澳大利亚应用型本科的使命陈述在具有共性的同时，也各具特色，并形成了自己的发展优势与品牌效应。我国的本科职业院校在地域上具有一定的区域性，服务对象具有针对性。例如，山东外国语职业技术大学、江西软件职业技术大学等学校培养特定区域的专业型人才，这就为学校在专业领域的针对性发展提供了绝对优势。但目前这类院校的社会影响力较小，品牌力度不足，社会关注度较低，所能获取的资源

具有一定的局限性。因此，我国本科职业院校应当在正确分析自身服务特色的基础上，充分利用并不断扩大自身优势，提高自身在专业领域的影响力与话语权，降低自身的可被替代性，打造自身独一无二的品牌特色。

参考文献

[1] 郑文．本科应用型教育还是本科职业教育：历史演进与现实选择[J]．高教探索，2020(1)：5-10.

[2] MORPHEW C C，HARTLEY M. Mission statements：a thematic analysis of rhetoric across institutional type [J]. The journal of higher education，2006，77(3)：456-471.

[3] LOOMIS B A，JOHANNES J A. To serve the people：congress and constituency service [J]. American political science review，1986，80(3)：1024-1025.

[4] KOSMÜTZKY A，KRÜCKEN G. Sameness and difference：analyzing institutional and organizational specificities of universities through mission statements [J]. International studies of management and organization，2015，45(2)：137-149.

[5] HENRY M." book-review " Mission and change：institutional mission and its application to the management of further and higher education [J]. Higher education，1995，30(3)：337-339.

[6] PALMER T B，SHORT J C. Mission statements in U. S. colleges of business：an empirical examination of their content with linkages to configurations and performance[J]. Academy of management learning & education，2008，7(4)：454-470.

[7] 张衡，眭依凡．使命管理视阈下的高校使命陈述：基于地方师范大学的考量[J]．高校教育管理，2013，7(4)：58-63.

[8]刘烨．英国研究型大学使命陈述比较分析[J]．教学研究，2016，39(2)：1-5.

Textual Interpretation of Mission Statements in Australian Undergraduate Vocational Colleges

Li Shuqing

Abstract：Australia's undergraduate vocational colleges have cultivated a large number of high-level applied talents and formed a unique talent training model. The development of higher vocational education at undergraduate level in our country is still at the initial stage of exploration. Australia's successful experience can provide reference for the development of undergraduate vocational education in our country to some extent. Based on this，based on the perspective of text analysis，this paper takes 24 undergraduate vocational universities in Australia as the research object，adopts word frequency analysis method to carry out statistical analysis on key words of university mission statements，and finds that their common characteristics are：emphasizing the practicality of knowledge，encouraging innovative development，emphasizing the cultivation of partnerships，strengthening industry-oriented curriculum construction，etc.，and each university also has the following characteristics There are different personality traits. China's undergraduate level vocational education is in the pilot stage，we can learn from its successful experience，clarify its mission connotation，strengthen international exchanges and cooperation，build its own brand characteristics，and further improve the education level and application talent training ability.

Keywords：undergraduate vocational colleges；mission statement；text interpretation

能力标准视域下的澳大利亚应急管理高等教育的演变路径

赵　敏

摘要：近年来，公共安全和危机事件在世界范围内的影响不断扩大，各国对应急管理人才的需求也不断增加。高等教育在培养应急管理人才方面发挥着关键作用。本文以澳大利亚国家认可的应急管理人员能力标准为理论视角，对澳大利亚开设该专业或实施相关教育项目的高校，采用文本分析和比较分析方法，介绍了其专业发展轨迹及现有的相关课程项目情况，深度挖掘能力标准在应急管理高等教育中的适用性，发现其大多注重学生应急综合能力的培养，在能力标准指导下开发教学内容。通过对比可知，我国应急管理教育目前处于起步探索阶段，取得了一些初步成果，未来可以科学借鉴澳大利亚的成功经验，制定一套能力标准，开发多途径教学与考核方式，以提升我国应急管理专业教育的质量。

关键词：应急管理教育；能力标准；澳大利亚

一、引言

近年来，气候变化、人口增长、现代社会的相互联系和复杂性、城市化进程的加快等因素使得社会的不稳定性增加，人们对于从事应急管理工作人员的能力和素质提出了更高的要求，也对此类人员的培养和成长发展越来越感兴趣。高等教育在培养此类人员改善紧急情况和灾害管理的能力方面发挥着关键作用。澳大利亚于1995年出台了国家应急管理能力标准，以这些能力标准与要素为参考展开高等教育，以确保培养水平之间的一致性和清晰度。本文通过对澳大利亚高等应急管理教育的分析，借鉴其可取之处，并结合我国国情，可对我国高等应急管理教育的发展提供借鉴。

二、澳大利亚应急管理高等教育的发展历史

20世纪80年代中后期，澳大利亚境内的一些应急管理机构和高等教育机构确定需要提高应急管理教育水平；到20世纪80年代末，有学校成立了灾害管理中心，开设灾害管理研究生课程，最后颁发应用科学（灾害管理）研究生文凭；20世纪90年代末，有学校开始发展紧急情况管理硕士研究生课程，旨在补充和延续本科学位课程，通过远程教育，为期两年，圆满完成整个课程学习后，最终获得应急管理硕士学位。[1]

澳大利亚诸如此类的尝试还有很多。但是随着应急管理专业领域的发展，与这些领域相关的教育项目的需求也在增加。高等教育机构很难再通过自身的运行来实现培养应急管理专业领域和综合型管理人才的目标。于是，澳大利亚采取第三部门与应急管理高等教育机构合作的方式，二者之间保持密切联系。高等教育计划对应急管理人员的持续发展和专业化至关重要，能够很好地应用于补充应急管理机构中工作场所的活动，并提供社会认可的正式资格。应急管理机构邀请高等教育部门参加和支持应急管理人员工作所需的教育内容，从而帮助打破工作场所培训和正规高等教育之间的障碍。

时代的发展和环境的变化无时无刻不在发

作者简介：赵敏（1997—），女，安徽芜湖人，中国矿业大学公共管理学院（应急管理学院）硕士研究生，研究方向为应急管理。

生。应急管理机构和人员越来越了解该专业和领域的情况，能够确定自己的需求，他们面临的来自社会的压力越来越大，这要求他们提高应急管理能力和专业水平。能有效解决这一问题的一项战略是发展应急管理机构与高等教育机构之间的合作教育和资助方案等项目。这些项目的发展将使应急管理机构能够确定其正在进行的教育和培训需求，也将使高等教育机构能够提供有利于应急管理实践的方案，从而提高他们的专业水平以及对社会的管理能力和服务能力。

三、澳大利亚应急管理能力标准的产生与演化

（一）1995 年国家应急管理能力标准

澳大利亚国家早期认可的 13 项国家应急管理能力标准[2]于 1995 年制定。澳大利亚应急管理局在对应急管理教育和培训进行全面审查的基础上，为应急管理人员确定了 13 项国家商定的能力标准。这些标准规定了负有应急管理责任的个人所需的技能和知识。需要明确的是，虽然能力标准侧重于界定工作场所的绩效，但它们也在逻辑上构成了教育和培训课程以及随后的培训产品的基础。自此，澳大利亚国家课程参考委员会逐渐根据能力标准制定应急管理课程，并指定小组编写有关材料。该项目预示着澳大利亚应急管理教育的改革。基于传统模式的课程已不能很好地为教育和培训提供最佳知识结构。

澳大利亚 13 项国家应急管理能力标准，见表 1。这些标准规定了应急管理人员履行职责所需的知识和技能，以及工作场所所需的一些绩效标准。能力的概念包括工作绩效的方方面面。它包括在应急管理人员技能水平上的表现、组织协调自己的任务、在遇到一些偏差时做出的适当反应以及在各项工作的安排中发挥作用。事实上，一些机构和社区已经有了适当的教育和培训产品，并且长期提供。此外，重要的是要认识到，在制定应急管理课程时，将采用一种从 13 项能力中抽取某些与实际应用相适合的能力，而不仅仅是从前 5 项能力中机械地抽取的方式，即只要是对应急管理人员本身而言有帮助的能力，都可以被纳入课程体系。

表 1　澳大利亚 13 项国家应急管理能力标准

能力名称	制定应急管理政策	评估脆弱性	选择应急管理策略	计划战略实施	实施计划	有效沟通	管理人员	管理资源	协调资源	管理信息	处理信息	管理教育和培训	设计并提供教育和培训
能力标准	评估政策需求 制定政策 监督、评估和审查政策	开发评估方法 评估危害，社区、机构和环境之间的相互作用 管理评估项目 审查评估	确定应急管理情况和问题 确定可能的策略 确定策略选择标准 选择最合适的策略	识别并设想解决实施中的潜在问题 预先进行战略实施计划 监督、评估和审查计划	确定实施计划的需要 实施计划的行动 监控和修改计划实施 评估和审查计划实施	提供信息和想法 接受并理解信息和想法 促进小组讨论 代表组织联络与谈判	设置领导层 管理下级人员 下级人员的支持与服务	确定资源管理系统 管理资源管理系统	实施资源管理系统 运用资源实现战略目标 监督评估并报告资源使用情况	确定信息管理系统 管理信息管理系统	收集信息 校验信息 记录信息 整理信息 解释信息 传播信息	验证教育与培训需求 选择教育与培训策略 监督、验证和审查教育与培训策略	明确教育与培训需求 制定教育与培训策略 提供教育与培训需求 监控、评估和审查教育与培训策略

（二）2017 年通用应急和灾害管理标准

经过 20 多年的发展与变迁，昆士兰科技大学团队在原来 13 项国家应急管理能力标准的基础上通过引入更加科学的混合定性研究方法制定出了应用于高等教育背景的通用应急和灾害管理标准[3]（Generic Emergency and Disaster Management Standards，简称 GEDMS）。

GEDMS 制定的信息来源包括：全面的国际文献审查，以确定课程内容的建议；对澳大利亚和新西兰目前的应急和灾难相关大学项目进行详细分

析；由来自政府组织的34名跨学科专家组成的5个重点小组评估商议；两轮反馈，涉及参与焦点小组的人员；与行业代表进行广泛协商，以测试标准的有效性、实用性和适当性；与行业代表和相关利益相关者举行为期一天的最后研讨会。这种方法确保了GEDMS是从一组全面的不同数据中提取出来的，反映了一种复杂和全面的数据分析方法。基于此工具方法背景下的GEDMS是围绕实践所需的知识和技能而组织的，其目的是为澳大利亚的应急和灾害管理高等教育制定一个概念框架和标准。通用应急和灾害管理标准的领域，见图1[4]。

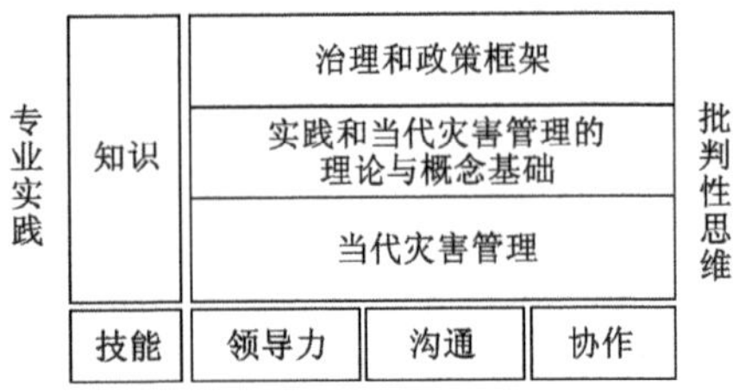

图1 通用应急和灾害管理标准的领域

GEDMS超越了传统的灾害应对范畴，涵盖了在灾害周期的整个连续过程中进行灾害管理所需的战略、核心概念、原则和做法，在补充各种专门知识的同时，也界定了应急管理（灾害管理）这一领域。这套标准的定义重点在以下几个方面：灾害管理主要以地方和社区为基础；在个人、组织和社区的应急和灾害管理方面，有着广泛的角色和专业知识；重点关注澳大利亚高等教育部门和支撑澳大利亚灾害管理的理念以及澳大利亚资格框架；重点放在各种应急和灾害管理参与者所需的核心知识上；需要持续审查和更新。

GEDMS认为，灾害管理的核心是个人在其中扮演的角色。所有参与应急管理的人都应了解核心知识的一小部分，而负责领导和政策制定的这两个领域的人则需要广泛了解基本概念、原则和做法。当然，除了这些核心概念外，这两个领域的人还需要特定于任务、特定于角色、特定于不同历史时期和与专业相关的知识和能力。然而GEDMS并不打算涉及这两个领域，因为它们的多样性意味着这两个领域的人通常不能由集中（多学科）教育提供，而是由运营和专业机构或通过专业的学科项目提供。

（三）演化的逻辑

1. 逻辑上的共通性

13项国家应急管理能力标准构成了应急管理人员所需的各项能力及其要素。可以看到，从第1项到第5项能力，分别为制定应急管理政策、评估脆弱性、选择应急管理策略、计划战略实施以及实施计划。这些能力的侧重点是制定计划和策略，更多的是围绕应急管理前期的一些政策准备和框架构建，致力于界定应急管理的范围，在灾害或危机出现之前将所有的预想先设定好，对应急管理进行一个全面的概念解构和理论深化。作为每一个从事应急管理行业的人员来说，弄清楚什么是应急管理，危急情况下如何有效地把握宏观战略方向和培养全局意识，是首要任务，以此才能算作是应急管理专业下的教育。

从第6项到第11项，分别为有效沟通、管理人员、管理资源、协调资源、管理信息以及处理信息。这些能力的侧重点主要是应急管理技能和管理过程。当一个灾害或危机发生时，在前期政策框架已经构建好的前提下，如何及时准确地收集来自危机事件影响范围内的各方面信息，并依据这些信息做出快速的反应，选择最合适的解决方案，在最短的时间内将可用的资源实现最优化的分配，最终实现个人、组织乃至全社会的高效配合。这就需要应急管理人员拥有很强的领导能力、沟通能力和组织协调能力。当然，这些能力并不是每一个从事应急管理行业的人员都必须具备的，但它仍然至关重要，并且能够随着教育和培训方面的努力而有所提高。

第12项和第13项能力，是管理教育和培训、设计并提供教育和培训。这两项能力所强调的是具体如何在应急管理教育和培训方面进行努力。人的能力有一部分是先天遗传的，然而更大部分是可以通过后天的学习来获得。将应急管理的成功经验转化成具有教育意义的内容和形式，传授给每一个需要的应急管理者，其过程可以是多种多样的，也更加有针对性。根据不同的学习群体，包括警官、消防员、医护者等，都可以展开适合不同专业领域形式的教育和培训，最终再将学习的成果反馈给社会。

GEDMS强调的是三个大的领域：一是知识领域，其三大主题是治理和政策框架、实践和当代灾害管理的理论与概念基础、当代灾难管理；二是技能领域，其三个主题是领导力、沟通和协作；三是应用领域，其两个主题是专业实践和批判性思维。通过对比，不难发现 GEDMS 在逻辑上与 13 项国家应急管理能力标准一脉相承，并且做了更为明确和简练的表述。究其始终，二者所包含的核心理念都是强调应急管理人员所需要的各项能力，在应急管理这一领域，需要具备掌握概念和理论框架的能力、管理过程中的能力以及将标准和成果转化为切实可行的教育和培训内容的能力。由此可见，无论澳大利亚对于应急管理人员能力标准的形式如何变化，其核心理念始终没有动摇，围绕应急管理从事前、事中到事后过程中的每一个步骤所需的能力，给定了其标准界定。

2. 侧重点的差异性

总体来说，13 项国家应急管理能力标准确定了有效实施应急管理所需的 13 项能力，并总结了这些对每项能力有贡献的要素。需要注明的是，在这 13 项能力中，只有前 5 项能力是应急管理所必需的，概括为以下 5 点：① 制定应急管理政策——确定商定紧急情况的动态过程。② 评估脆弱性——评估危害、社区、机构和环境之间的相互作用。③ 选择应急管理策略——应用解决问题、决策和知识管理与紧急情况有关的预防、缓解、准备、反应和恢复活动。④ 计划战略实施——从战略出发制订切实可行的计划。⑤ 实施计划——执行、监控、修改、评估和审查计划。这 5 项能力构成了应急管理课程的基础。其余 8 项能力虽然涉及应急管理人员工作的重要部分，但仍然是一般管理技能，不必通过应急管理特有的课程来提供。13 项国家应急管理能力标准将其前 5 项能力作为应急管理人员所必备的能力要素，更多强调理论概念和政策框架的构建，而对于其他方面诸如参与管理与实践发展的能力则可以根据实际情况而定，将其穿插到具体的课程当中。这个过程仅能够确保一点，即澳大利亚来自各个领域的从事应急管理事业人员的基本理论素养。换言之，无论身处何时何地，都能使各个专业领域的应急人员在开展具体的应急管理工作时，是在正确的理论框架指导下进行的。而在其各自的专业领域中所需的各项技能和知识，并没有着重强调要在高等教育的背景下进行，也许是某些私人机构展开的培训等也未可知，这直接导致了教育成果的差异性。13 项国家应急管理能力标准和 GEDMS 的异同点，见图 2。

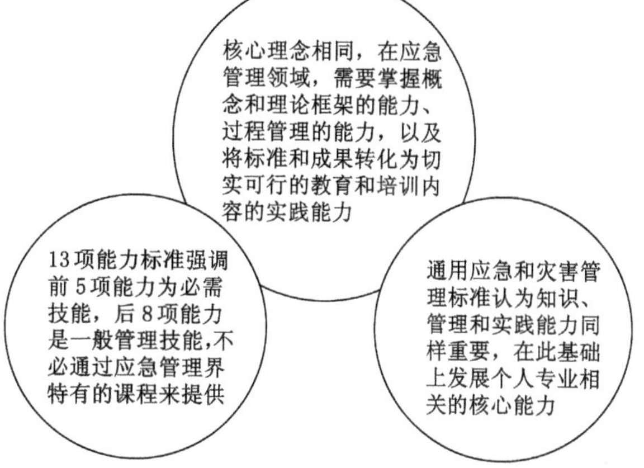

图 2　13 项国家应急管理能力标准和 GEDMS 的异同点

GEDMS 并不过于侧重哪一点，而是在知识、技能以及应用三大领域的均衡学习中，还强调对个人角色核心能力的培养。换言之，这是一种在高等教育的背景下进行的教学和培养模式，将其提高到更为宏观的角度，对于高等教育本身所具有的基础性、全面性和整体性特点而言，无疑提供了一种更为适合的指导。然而，GEDMS 在高等教育领域中并没有具体给出详细的标准要素和说明，正是由于应急管理专业的复杂性和交叉性，于高等教育而言，做到真正的跨学科教学目前还有难度，要想在应急管理专业这一单一学科的努力下培养出综合型人才几乎很难做到。但是这也有一点好处，即便是在多元化教学培养模式下，也不会脱离高等教育的框架。因此，GEDMS 本身并不作为高等教育的内容，仅仅是提出这样一种要求或标准，未来的应急管理高等教育可以朝着这一方向努力。

四、澳大利亚应急管理高等教育中的能力标准表现

通过对澳大利亚应急管理高等教育相关论文的筛选，以及对澳大利亚开设应急管理专业相关的高校官网和政府高等教育部门网站进行搜索查询，发现澳大利亚开设应急管理专业的高校有澳大利亚国立大学、悉尼大学、西悉尼大学、查尔斯

特大学、查尔斯·达尔文大学、塔斯马尼亚大学、南十字星大学、新南威尔士大学等。本文选取其中公开信息较为全面的几所高校，利用其官网中所展示的有关应急管理相关的资料，收集到澳大利亚高校应急管理专业开设与课程设置情况以及应急管理高校与其他机构的联合培养情况，将其进行比较与说明，以期从中发现一些共性的做法与个性的特征。澳大利亚高校应急管理专业开设与课程设置情况，见表2。

表2　澳大利亚高校应急管理专业开设与课程设置情况

学校名称	学科名称	应急管理选修课程	应急管理专业核心课程
澳大利亚国立大学	国家安全	国家安全概念与方法、国家安全与危机管理、国家安全政策演变、网络空间中的治国之道、宣传与国家安全、国家安全政策制定、对国家安全的道德挑战、印度太平洋国家安全、美国国家安全、恐怖主义与国家安全、能源与国家安全	自然灾害与灾害研究、国际安全研究导论、减少灾害风险与管理、管理公共政策风险、自然灾害概论
西悉尼大学	人道主义与发展	农业食品与卫生、社区与社会行为、城市研究导论、当代中国社会公民、环境与风险管理、全球化与可持续发展、人类服务干预策略、移民和难民法、复杂世界中的领导力、缔造和平与建立和平、国际刑法、处理文化差异、人权人类服务与法律	应用社会研究、社会科学伦理学、社会研究方法、社会个体、了解社会、与社区合作、人道主义准备与响应、人与地方和社会差异
查尔斯特大学	紧急管理	健康与公共服务心理学基础、澳大利亚土著文化历史与当代现实、培训和锻炼开发、交流环境数据、气候变化的影响和缓解适应、地理信息系统原理、水政策与管理、压力与创伤心理学	应急管理简介、危害识别与风险评估、紧急决策、应急管理计划制定、灾害响应分析、灾后灾害管理、团队管理和领导力、制定灾难复原计划、人道主义救济
查尔斯·达尔文大学	人道主义援助与发展	土著治理与领导、土著网络与协作、土著文化与环境、人道主义实践的技巧、道德与决策理论、遥感、地理信息系统和空间思维、人权法、紧急和灾难管理中的跨学科内容、国际关系、组织行为、当代印度尼西亚的重大问题、国内布局	灾难人道主义援助与发展、澳大利亚原住民、人类服务、人道主义需求评估、人道主义实践基础、文化能力、全球社会学、基于社区的风险管理、专业实践练习、紧急情况和灾难管理、社会研究方法
塔斯马尼亚大学	警务与应急管理	风险管理之公共卫生、风险管理之道路安全、风险管理之财产安全、工作场所和社区安全、解决社会冲突、监管的特殊主题、高级警务实践、法医研究的基础、调查社会行为	应急管理简介、应急管理政策和治理、应急管理中的决策、紧急管理周期、面对紧急情况时的应变能力、领导影响和争议解决方案

从表2可以看出，在澳大利亚开设应急管理专业的高校中，对于应急管理专业一些重要环节的设置上有许多相似之处。在课程设置上，其专业核心课程大多偏理论化，更多的是在于强调学习应急管理的定义，了解应急管理在应对真正的灾害和危机时应该如何处理和解决的流程和程序，其教学目标更大程度上在于引导学生迈进应急管理专业的门槛，对应急管理专业的基本理论和整体框架有一个宽泛的概念明晰与界定；而选修课程侧重各领域专业实践的培养，大多是与其他机构进行的联合教学，涉及应急管理的多个方面，例如公共卫生、水文、气候、地理、社会等，从应急管理实际的需求方向出发。教学方法和考核方式多元化。大部分高校采取的教学方法和手段是最常见的面授，也有一些专业讲座与演讲的学习与交流；对于课程的考核，基本采取学分制，针对不同的学习要求，需要修够相应的学分才能予以毕业和获取学位证书。

整体来看，各个高校在课程设置时考虑到自身所需要的研究方向和领域，有些课程是比较有针对性的，但是并不局限，而是与真正的实践训练相配套，使学生在实践中亲身经历和学习应急管理在各个具体不同专业领域方面的知识，以实践来验证应急管理理论的正确性，从而在掌握核心专业能力的同时，还能够对应急管理在管理理论、政策制定、应急规划等方面进行整体把握。纵观澳大利亚应急管理高等教育的发展，不难发现其一直坚持着这一理念，应急管理不是一个单独的学科领域，它涵盖了其他领域许多更加专业的知识和素养，同时又要包含自身的理论。无论是13项国家应急管理能力标准还是GEDMS，它们对于应急管理人员的能力要求都离不开三大领域，即理论概念基础、管理能力以及实践应用能力。从各高校的课程设置中不难看出，除去部分高校的专业特色之外，大部分都体现了这三大领域中的能力标准的要求。由此可见，澳大利亚十分重视对于应急能力标准的实施并且在努力朝向这个标准迈进，其致力于将标准化的高等应急管理落到实处，培养专业化、综合型的应急管理人才。

正如澳大利亚 GEDMS 中所描述的，对于高等教育而言，GEDMS 并不过多渗透有关应急管理专业教育的核心能力和专业能力的要求。应急管理是专业性、实践性要求非常高的一门专业，所涉及的领域绝不仅仅是某一所高校或者某一门课程就能涵括的，它必须是理论与实践的结合，从实际需求出发去寻求需要的某些专业知识以及基本常识。为了解决这个问题，澳大利亚普遍采取高校与第三方机构合作教学培养的模式。例如与政府部门、其他专业的学院院系、企业、研究中心等合作，前者提供应急管理领域基础化的理论教学，同时提供被国家和社会广泛认可的权威资格认证，而后者则提供大量仿真的实践训练和模拟教学，甚至可以做到某些危机场景的还原，进行切实的案例讲解，通过诸如此类的一系列手段和方法进行专业领域的培训与教学，提供多种机会供学生发展专业知识。学生通过第三方机构与高校的双重考核，最后可以获得应急管理专业的学位或者原来所在领域的资格认证。这种培养与教学适合更加高阶段的学生，通常是想要获得硕士或者博士学位的人，以及在原有专业领域想要继续深造的人员。由此可见，澳大利亚在高等应急管理教育方面几乎一直采取高等教育机构与应急管理机构以及第三方机构合作的方式，且伴随着能力标准的产生，就一直在做这方面的尝试而且随着时代的发展不断予以完善。澳大利亚应急管理高等教育致力于通过采取资源最优化组合配置的方式来培养出全面的高水平应急管理人才。澳大利亚应急管理高校与其他机构的联合培养情况，见表 3。

表 3　澳大利亚应急管理高校与其他机构的联合培养情况

学校项目名称	职能定位说明
国家安全学院（澳大利亚国立大学）	是联邦政府与澳大利亚国立大学之间的合资企业，自身定位是政策制定和知识发展的纽带。提供学术课程、研究、对话，架起了学术界、政府和企业之间的桥梁，其学术环境是多学科的、高度互动的，并且采取极具创新和前瞻性的教学方法，例如混合学习、协作工作、情景练习，以发展新一代战略思想家，为国家未来提供了基于实证的政策思想支持
亚太自然灾害与风险研究中心（悉尼大学）	致力于增强社区适应力、减少自然灾害造成的损失，以及制定减少灾害风险的战略。在大洋洲地区以及全球范围内都进行基于现场的建模和分析研究，危害研究小组的成员与地方和全球范围内的专家以及政府应急管理机构合作，专注于灾害和灾难风险相关的各种问题，如：气候变化的适应和管理、丛林大火、海啸风暴、地震和火山、紧急风险管理和计划、社会风险的感知和行为等，也开展一些项目
技术与继续教育（TAFE）协议（西悉尼大学）	是指私立职业教育与培训或高等教育学院之间签订的协议。这些协议通常提供从职业、高等教育研究到相关学位授予和学分转移等方面的服务。学分转移有时也被称为高级信誉或对先前学习的认可。对于许多流行的文凭课程和高级文凭课程，这些进入大学的途径都是经过预先协商的，因此高等院校可以提前确定是否可以保证提供学位，以及学生是否有资格获得相应学历的学分
公共安全和保障项目（查尔斯特大学）	通过多学科协作，与有影响力的行业相关的研究和咨询服务来一起促进澳大利亚乃至全球的公共安全。公共安全和保障与《国家创新与科学议程》保持一致，与相关行业合作伙伴合作并取得更大的研究成果，这些合作伙伴可以在查尔斯特大学进行世界领先的研究并改善基础设施研究。公共安全和保障项目通过吸引高质量数字人才和企业家人才的策略来关注“人才和技能”
澳大利亚可持续性社区能力建设研究中心（RISC）（查尔斯・达尔文大学）	该中心是来自查尔斯・达尔文大学、工业界、政府和社区的顶尖研究和咨询团体，旨在开发基于证据的战略来建设更具韧性的社区。通过协作和信息共享，可以开发和测试弹性策略和理论以及为政府部门、非政府组织、行业、企业和当地社区团体设计量身定制的干预策略。该中心力求通过诸如与其他机构合作、参加各种相关学术领域的当代辩论、国内外学者的访问者计划、杰出的系列讲座、支持相关专业发展和研究生教学的卓越计划等措施促进可持续性社区建设
防灾研究小组（塔斯马尼亚大学）	防灾研究小组横跨塔斯马尼亚大学的三所学院。它位于艺术、法律和教育学院内，并与科学与工程学院以及健康与医学学院的研究人员合作。虽然该小组地处澳大利亚，但业务遍及全球，与代表公共、私营和非营利部门的众多利益相关方合作。其目标是与政府和业界合作，共同增强社会对灾难的抵御能力，与此同时，也是将所创造的成果转化为教育和培训人们有关灾难复原力的知识，为学生和社会公众提供学习的素材

五、对我国应急管理高等教育的启示

通过上述对澳大利亚能力标准、应急管理高等教育的发展历史以及部分高校关于应急管理专业设置的基本介绍，可以看到澳大利亚应急管理在高等教育方面的整体发展概况，得到以下几点启示。

第一，在能力标准方面，目前我国还没有正式的有关应急管理高等教育方面的能力标准，大部分的标准几乎都是针对某一个专业或领域方面的执行或评估体系参照标准，例如政府部门、高校部门、医护部门以及企业等方面，对于人才培养的能力建设以及标准要求几乎是空白的。从20世纪初到如今，我国的应急管理高等教育也有相应的发展，但对于如何去培养高层次人才、重点培养哪些方面的能力却没有统一的标准。澳大利亚的能力标准只是提供一种选择和参照，它本身并不能够起到教育学生、提高学生应急管理能力方面的作用，也不能代替高校所设置的课程体系和教学方式，只是通过这样一种参照，将近似理想化的合乎社会发展的应急管理人才的需求和方向提出来，再通过教育者有意识地朝着这个目标去努力。因此，我国也许可以制定一套适应我国社会发展的应急管理人才培养的能力要求和参照，将应急管理人才培养标准化。

第二，在课程与专业设置方面，我国在应急管理高等教育中的应急管理专业的专业课程设置上较为偏重通识教育，没有从应急管理实际需求和方向上开发课程，虽然各个高校在设置专业时选取的专业研究方向各有针对性，但是更多地考虑了学科前沿与知识的发展，人才培养方面考虑较少，因此所设计的课程体系很难完全适配专业发展需求，很难满足培养社会应急事业专业性人才的需要。[5]澳大利亚高校在这方面给予了较好的做法，其开设的专业核心课程和选修课程各有侧重，专业核心课程偏重应急管理理论知识和概念框架的学习，选修课程偏向于更为细致的专业方向上的知识，二者相结合能够较好地将应急管理的学科知识和专业方向知识传达给学生，从而促进学生的全面发展。因此，我国在未来需要做的，应该是整合应急管理专业学科领域中的方方面面，能够有统一的标准去进行课程开发。

第三，在高等教育机构与应急管理机构以及第三部门的合作方面，澳大利亚的做法也值得借鉴。无论是我国还是澳大利亚，在高校的应急管理专业课程设置上都存在一个问题，就是对于实践提供太少。对于实践的体验式学习以及专业分散化培养来说都明显不够，涉及应急实用方面的课程非常少。这不仅是应急管理专业的现状，同样还存在于许多其他专业中，学生的动手能力与实践能力普遍较弱。另外，我国尚存在教育资源或者经费投入不足导致应急管理人才在核心专业能力方面存在差异等问题，在很好地培养出有能力掌控宏观全局的全面型和综合型的人才等方面有待提高。澳大利亚以其国家认可的通用能力标准为指导，通过建立与第三方机构合作的教学模式来很好地弥补了这一缺陷。澳大利亚的高校普遍采取这一模式对学生进行培养，不仅能够促进学生的全面发展，提高其综合素质与能力，还能使整个国家的应急管理人才培养处于一种均衡的状态，有效避免了由于地区差异或者教育资源不足等导致的人才培养方面的差距。

综上所述，我们从澳大利亚的应急管理高等教育中学习到的除了实际的行动，还有解决问题的思维。未来我国也许可以进行有益尝试，缩小我国应急管理人才培养地区之间的差距。

参考文献

[1] MANOCK I. Tertiary emergency management education in Australia [J]. National emergency response，2001，16(1)：9-11.

[2] CHRIS H. A new approach to emergency management education and training in Australia [J]. Australian journal of emergency management，1996，11(3)：12-19.

[3] FITZGERALD G J，REGO J. National standards for higher education programs in disaster management in Australia[J]. Prehospital and disaster medicine，2017，32(S1)：S99.

[4] FITZGERALD G，REGO J，INGHAM V，et al. Teaching emergency and disaster management in Australia：standards for higher education providers[J]. The Australian journal of emergency management，2017，32(3)：22-23.

[5] 韩承鹏. 中美高校应急管理专业的课程设置比较分析[J]. 煤炭高等教育，2019，37(4)：38-42.

The Evolution of Higher Education in Emergency Management in Australia from the Perspective of Competency Standards

Zhao Min

Abstract: In recent years, the impact of public safety and crisis events continues to expand worldwide, and the demand for emergency management talents in various countries is also increasing. Higher education plays a key role in developing emergency management talent. Based on the competence standards for emergency management personnel recognized by Australia as a theoretical perspective, this paper introduces the professional development track and existing relevant courses and programs of Australian colleges and universities offering this major or implementing related education programs by using text analysis and comparative analysis methods, and deeply explores the applicability of competency standards in higher education of emergency management, finding that most of them focus on students The training of emergency comprehensive ability and the development of teaching content under the guidance of competence standards. Through comparison, we can see that China's emergency management education is at the initial stage of exploration and has achieved some preliminary results. In the future, we can scientifically learn from Australia's successful experience, formulate a set of competency standards, and develop multi-channel teaching and assessment methods to improve the quality of China's emergency management professional education.

Keywords: emergency management education; competency criteria; Australia

压力与张力:美国研究生教育面临的挑战及其对我国的启示

施　炜

摘要:近年来美国的研究生教育在教育资助机制、组织化研究单位、产学合作研究、研究生生存环境、师生关系等五方面都面临着挑战,以至于研究生教育与科研处于一种紧张的状态,而我国的研究生教育在发展过程中也面临着一些共发性问题,在未来改革过程中应更加关注教育经费的投入与来源、产学合作与大学独立性、师生关系的改善。

关键词:美国研究生教育;教育经费;产学合作;师生关系

高等教育的危机与变化已经成了毫无例外的常态,进入21世纪后,美国的研究生教育在教育资助机制、组织化研究单位、产学合作研究、研究生生存环境、师生关系等方面一直面临着挑战。美国的研究生教育质量处于全球较为领先地位,而我国正致力于打造教育强国,因此美国研究生教育在发展过程中所面临的新问题、新挑战、新格局,以其在应对过程中的有效经验和教训无疑对我国研究生教育改革的路径选择具有一定的借鉴作用。

一、压力:美国研究生教育的挑战图景

(一) 工具主义导向的教育资助机制

美国研究生教育的拨款模式在20世纪70年代经济危机发生的背景下进行了改革。联邦政府的注意力转向短期研究,基础研究经费流向应用研究项目,其结果导致了物质资源如仪器和校园建筑被忽略。另外,为了削减科研经费,联邦政府减小研究生教育资助力度,奖学金直接资助陡然减少,政府让大部分博士研究生自己从贷款中获得直接资助,取代了之前的政策资助。虽然20世纪80年代,联邦政府启动了130亿美元的联邦学术研发助理奖金继续对博士生教育进行间接资助,但是,除了20世纪70年代早期奖学金和实习奖金的削减之外,政府对助理奖金的补贴也相应降低了。依照1986年的《税制改革法案》,助理奖金属于需要交税的工作收入,而不是免税的教育补助。归纳来看,现有主要的美国研究生资助途径可分为赠予型,如奖学金;偿还型,如助学贷款或商业、私人贷款;报酬型,如勤工助学;混合型,如私人或雇主的资助等,从整体的资助政策发展趋势来看,尽管资助渠道变得越来越多元化,但其资助逻辑在悄然变化,即:研究生被依据工具主义的标准进行评价,而不再是被认为理应获得直接资助。[1]因此,高等院校不得不通过从捐赠、学费中获取经费或者从州收入中获取对公立院校的资助等方式来支持研究生教育,与此同时,高校与工业界的合作也进入了快车道。

(二) 分散的组织化研究单位

组织化研究单位是美国大学在增加资金基础的尝试以外以研究单位的形式精心构建的组织机构。该机构的构建是研究跨学科化和应用化变得愈加专门化的表现。通常来说,来自资助者的外部资金是成功建立专设研究单位的推动力。尽管专设研究机构对研究生教育有着积极的贡献,但是,如果专设研究单位中的研究管理和研究训练

作者简介:施炜(1981—),女,江苏海门人,博士,中国矿业大学公共管理学院(应急管理学院)副教授,硕士生导师,研究方向为教育经济与管理、应急管理。

与院系组织的目标相冲突，会引发一系列新的挑战。例如，一般来说，学生和青年教师都希望有机会在专设研究机构的环境中与受过训练的研究者一起研究，并使用最新的仪器。这些专设研究机构可能会抢走以院系为基础的研究生课程中的知识、组织以及经济上的活动，从而危及其他院系的持续生存力。不仅教师的忠诚度会分散到许多组织单位中，就连研究经费也受到不同管理人的监督，且与院系的教学经费不同。因此，研究训练的主要部分可能会通过复杂的行政安排提供人力与财政支持，教师经费的分配会与以院系为基础的研究生教育的实际操作不一致。简而言之，研究生教育的研究训练部分可能很少会以组织的形式体现，因为它属于跨院系的部分。

（三）受制于资本的产学合作研究

美国开始将产学合作研究项目纳入国家科学基金会始于20世纪的70年代中叶。20世纪80年代末美国提议设立以大学为基础的工程研究中心和科技中心。一开始，这些中心受到国会拨款的资助，后借助工业界的赞助，逐渐放弃国家科学基金会的资金。但是，以工业界赞助取代联邦政府资助或是以工业界赞助配合联邦政府资助的提议，使研究生教育和研究工作受到利弊参半的影响。因为一个中心一旦成立，就必须持续争取资助，随之资源变得更为集中且无弹性；再者，正式的签订研究协议的合作或者非正式的工业界的赞助式合作，不论这些合作机构是否正式地被安排到这些专设研究机构中，它们都会在研究方式（例如，保密）和产品（例如，知识产权的磋商）以及反对结成其他联盟等方面受到潜在的约束。值得注意的是，在各种利益持续刺激大学与工业界合作兴趣的同时，来自工业界的资金资助并没有给大学提供长期可靠的支持。

（四）矛盾重重的研究生生存环境

美国的研究生教育的学费已变得愈加昂贵，助理岗位理所当然变成了提供研究生资助、津贴和借贷的主要来源。研究生助理的数量大幅上升。越来越多的研究生在学习的同时也在研究机构中工作。工作领域迅速发展的结果便是促使研究生联合起来组成工会。

博士生面对不景气的劳动力市场前景表现出对漫长的学位获得生涯的焦虑，而学术债务负担、对教师指导不当的觉察、对学校收益的刻板认知（认为大学把研究生助理、教学助理当成廉价劳动力，从为老师“打工”中获益）等矛盾的显现，进一步扩大了对研究生的高贷款负债率的忧虑，成为备受关注的问题。学生申请的贷款越多，就越希望延长被雇佣的时间，并且由于失去干劲而变得沮丧。一些研究生院为了加快进度，便降低对课程的要求以使学生尽早着手学位论文。这些现象的出现引发了美国对博士生教育质量的担忧和广泛讨论。

（五）日趋紧张的师生关系

联邦政府对研究和研究生教育资助的改变导致了不易觉察但更加深刻的转变，这种转变出现在学术训练中，尤其是在自然科学领域的师生关系的学术训练中。1976年桑福德教授就曾说过：研究生获得知识的纯粹动机少了，选择专业的动机多了……当下的总体氛围是竞争的，这种竞争存在于各个大学间、大学的各个系之间以及同一系中各个小群体与个体之间。与其说把学生看作潜在知识领导者，不如说更多时候他们是被教师当作资源用来争取更有利的地位。[2]现在看来，桑福德是非常有预见性的。虽然历史中的理想模式是师生必须站在“同一战线”上，但是受赞助的研究现已成为连接指导与潜在合作的纽带。故此有人担心，大学教授将变得与其说是导师教授，不如说更像项目经理和行政管理者，而他们的学生在一种更为间接的模式中接受指导，如同对待雇员和技术员而非学徒一样。正像一位观察家所说的，大学教师（导师）与研究项目主持人（雇主）的角色越来越不协调，造成在职者的心理紧张。导师所倾向的理论与实践同作为雇主的科学家的需要相互矛盾。[3]

二、张力：美国研究生教育的应对策略

上文所述勾勒出了美国研究生教育所面临挑战的全景轮廓，即教育与科研的交点已然构成了一个重要的“竞技场”。在这个“竞技场”中，研究生教育与科学研究表现出相互依赖与张力的格局，其他各种力量汇集于此。而这体现为一系列危机：日益激烈地对研究资助项目的追逐；资助金的减少导致了更激烈的竞争和更高要求的压力；

研究团队规模的扩大导致了新的"流水线"生产的形成，即只完成一个项目中的一部分技术，而不是从头到尾地完成整个项目；用于研究的时间要比"花费"在教育年轻的研究生或者本科生身上的时间更有价值等。这种强调效率和生产率的安排，提倡的是一种环境中的组织氛围，而不是提倡以学习为中心。[4]一个更加商业化与政治性的研究系统可能在形成。

政治和经济背景的改变不仅直接反映在研究训练实践中，也间接地通过学术研究的变化改变了研究生教育的运作。研究生的学术训练变得以满足外部资助需要并获得进一步研究的资金为导向。研究生教育中的教育功能被迫让位于研究功能，对教育理想的忽视、对科研需求的过分看重，直接挑战了高校那些醉心于埋头追求知识、以教书育人为理想的教师，同时也使得原先以学科为组织原则的研究生教育出现了裂缝，愈加强调学术权威的中心地位。

进入21世纪，我国研究生教育也出现了一些与美国类似的问题。第一是教育经费问题。困扰和制约我国教育发展的难题之一便是经费投入不足，研究生教育也概莫能外。在我国，高校资金来源单一，全社会还没有形成教育捐赠的意识，如何拓宽教育来源渠道，形成可持续、多元化教育经费筹集路径是当务之急。第二是产学合作问题。近年来，我国许多高校在院系的基础上建立了研究所、研究中心等，其目的在于推动交叉学科和新学科的发展，从而生发出更多的跨学科研究和应用型研究。但在现实操作中，许多高校也面临着与美国的组织化研究单位相类似的挑战。各研究中心以其最新的仪器、能够保证充足的科研时间、与教学相分离等优势吸引了许多教授、优秀学生从院系奔向各科研所，由教研相结合的身份转变成以科研为专职的人员，越来越多的转型预示着"科研教学学习结合体"面临着威胁。而由国家科学基金设立的产学合作研究项目与以大学为基础的工程研究中心以及科技中心在我国尚处于起步阶段，能否最终通过与工业界的合作，逐渐离开国家资金的扶持达到良性运作，有待实践证明。第三是师生关系问题。在市场经济的今天，无论是美国还是中国，都已出现了一些研究生导师和研究生之间关系的错位现象，有些导师把学生当成劳动力，让研究生参与导师以营利为目的的公司项目、横向课题、书稿编写等，占用了研究生的学业时间，却不支付报酬或支付低报酬，导致师生关系紧张。

三、张弛有道：我国研究生教育变革的路径选择

面对已然出现的共性问题，我国研究生教育在未来发展过程中应充分利用好后发优势、规避前人误区、亦张亦弛实现内涵式发展，具体可聚焦于以下三点。

（一）教育经费筹措渠道的分担与多元

研究生教育具有准公共性，这就决定了在研究生教育成本分担的过程中主要责任应归属政府。因此，政府应随着经济发展水平的提升而对教育投入持续加码，但同时学校、社会及个人也应作为主体共同分担教育经费，变原有的以政府为主要甚至是唯一来源为政府、学校、社会、研究生共同参与的交互系统。首先，各高校应扩大资金来源的多元化渠道，建立学校与企业、与社会更加密切的联系；其次，高校尤其是知名高校应该充分利用自身品牌优势、人际网络资源和科研实力，向知名校友、慈善机构、私人基金会，企业等筹集来自民间的捐款，使之成为学术科学发展的活跃的外部支持者。另外，政府也应尽早建立起引导和激励社会捐资办学的有效机制。此外，我国已经开始实施研究生教育成本分担机制，这是顺应国际研究生教育发展趋势的。科学借鉴美国的经验，我国高校在全面实施研究生教育"三助"政策时，要明确助研、助教、助管只是研究生教育的辅助支持手段，而非目的，其核心所指意在服务于研究生教育。

（二）产学研合作中的冲突与规范

产学研合作因合作三方都能够在共同合作中获利且能实现共赢合作的良性循环，从而促进地区或国家创新体系的可持续发展，因此各国都高度重视产业技术与学术科研融合，我国也不例外。当前，我国积极鼓励高校科研工作者通过创建公司或与产业界合作这两种形式直接或间接推动研究成果转化，目的是提振学术科学在振兴社会经济发展中的领导力。这是符合我国经济发展需求

的，但在此过程中也要清醒地认识到来自工业界的赞助具有短期性、功利性和不稳定性，这是由企业的本质所决定的。因此在合作过程中，高校要与工业界保持一定的距离，可以以协议、合同的形式来保障高校的独立性与自主性，这是高校本质的必然诉求。对一些研究周期长、经费需求大的基础性、理论性研究更要通过国家资助来加以支持与引导鼓励，而如何规范和振兴人文社科的研究及促进其研究成果的转化也是值得讨论的问题。

（三）研究生师生关系的失衡与超越

有学者认为，研究生的师生关系是一种不对称的共生关系，存在着伦理权力、经济权力和话语权力的不对称。如何超越此困境，有学者认为应取消导师遴选或导师资格审批制度，或设立研究生集体指导制度、导师回避制度等。从关系本质而言，研究生阶段的师生关系更应回归一种平等、共生的导学关系，研究生应自立自强，导师应自知自律，两者关系应保持和而不同的状态，既保持独立个性又相互认同而形成学术共同体。近年来，研究生就业问题重新成为人们关注的焦点，其实从师生关系的视角来看，研究生导师是否应该在学生就业问题上承担责任是有争议的，有人认为应该把对研究生导师就业指导方面的要求也列为对导师考核的一项内容。对这一观点，笔者持保留态度，但这也点出了研究生师生关系的新内容，即导学不仅是做学问，还在于帮助研究生学会如何为人处世、如何在未来的职业生涯中更好地规划与发展，“使高学历和职业能力相匹配”这个议题理应成为未来研究生师生关系的应有之义。

参考文献

[1] 阿特巴赫，波达尔，甘波特. 21 世纪的美国高等教育：社会、政治、经济的挑战[M]. 2 版. 施晓光，蒋凯，译. 青岛：中国海洋大学出版社，2007.

[2] SANFORD N. Graduate education then and now[J]. American psychologist，1976，31(11)：756-764.

[3] HACKETT E J. Science as a vocation in the 1990s[J]. The journal of higher education，1990，61(3)：241-279.

[4] ETZKOWITZ H. Entrepreneurial scientists and entrepreneurial universities in American academic science[J]. Minerva，1983，21(2)：198-233.

Stress and Tension：Challenges in American Graduate Education and Their Implications for Our Country

Shi Wei

Abstract：In recent years，graduate education in the United States has faced challenges in five aspects，such as educational funding mechanism，organized research units，industry-university cooperative research，graduate student living environment，teacher-student relationship，etc.，so that graduate education and research are in a tense state，and China's graduate education in the development process is also facing some common problems，should be more close in the future reform process The investment and source of education funds，industry-university cooperation and university independence，and the improvement of teacher-student relationship.

Keywords：American graduate education；educational funds；industry-university cooperation；teacher-student relationship

美国应急管理高等教育研究
——以美国部分高校应急管理专业为例

蒲鸣凤

摘要：美国高校应急管理教育兴起于21世纪初，在联邦应急管理署的推动下不断发展，已形成了较为完善的、系统的教学教育体系。本文基于美国部分高校应急管理专业人才培养情况，在培养目标、课程设置、教学管理方面对其进行了详细分析，希望为我国应急管理教育培训质量提升提供参考和借鉴。

关键词：美国；应急管理；高等教育；课程设置

一、引言

应急管理是国家治理体系和治理能力的重要组成部分，我国应发挥自身应急管理体系的特色和优势，借鉴国外应急管理有益做法，积极推进应急管理体系和能力现代化建设。加强应急管理体系和能力建设，人才队伍是关键，科技是支撑。强化应急救援队伍战斗力建设，要大力培养应急管理人才。

我国应急管理人才培养体系建设起步较晚，虽然经过近十多年的努力，应急管理学科体系、培训机制等建设有了较大的进步，但应急管理学科仍存在着小范围开展、零散而不系统等问题。新冠肺炎疫情发生后，应急管理专业人才需求暴涨，我国开始大力推动高校应急管理学科建设，全国应急管理学院全面开建，多所高校增设"应急管理"硕博点。但是，我国仍迫切需要抓好应急管理教育培训工作，加快建设高质量应急管理学科。

相比之下，发达国家在应急管理教育培训方面已经有了较为成熟的体系，许多高校都已经建有应急管理学院或者开设相关专业。美国在经历了数次灾难的实战演练后，应急管理学科体系的建设已经较为完备，应急管理人才的教育培训更注重实战性和实践性，强调培养学生真正解决问题的能力。[1] 本文以美国部分高校应急管理专业人才培养研究为基础，总结了美国高校应急管理专业人才培养的特点和优势，为提升我国应急管理教育培训提供了借鉴。

二、美国高校应急管理专业发展历程

北得克萨斯大学于1983年设立了美国第一个应急管理专业。1995年美国联邦应急管理署（Federal Emergency Management Agency，FEMA）推动"高等教育项目"，旨在推动应急管理课程体系建立和发展。21世纪初，"9·11"事件、卡特里娜飓风事件等推动美国高校应急管理教育迎来井喷式发展。

截至2021年2月，美国FEMA最新数据显示，美国高校中，设置应急管理专业的共有228所，设置国土安全相关专业的有207所，设置公共卫生、医疗及相关专业的有20所，设置国际减灾与人道主义援助专业的有13所，在其他国家开设的应急管理专业有24所，设置高级管理课程的有9所，以及其他相关专业的有42所，形成了比较完整的应急管理专业高等教育课系。美国高校应急管理相关专业分布，见图1。

作者简介：蒲鸣凤（2001—），女，四川成都人，中国矿业大学公共管理学院（应急管理学院）行政管理专业本科生，研究方向为行政管理。

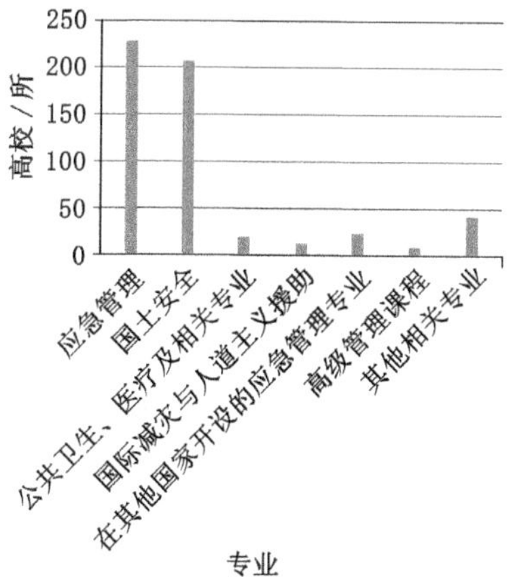

图1　美国高校应急管理相关专业分布

三、样本选择与数据来源

本文研究对象为美国部分高校，研究内容为探索美国部分高校应急管理专业人才培养情况，研究路径为对美国部分高校应急管理专业的培养目标、课程设置、教学管理等进行系统分析。为更好地掌握美国应急管理高级人才培养现状，样本选择基于专业占比、学科排名和学科体系完整性这三点对所有目标专业进行有效筛选：

美国FEMA数据显示，应急管理专业在所有相关专业中占比最大，学科建设历史更为悠久，教学体系更为完整，故而将样本专业限定为应急管理。根据美国新闻与世界报道（U. S. News）2021年发布的美国大学国土安全与应急管理专业排名中的应急管理专业，选取了5所高校分别是：中央佛罗里达大学、亚利桑那州立大学、北得克萨斯大学、乔治华盛顿大学、纽约城市大学约翰·杰伊学院。为了扩大样本量，也为了更系统分析美国应急管理完整的学科体系，笔者进一步对应急管理专业的学位学历教育进行统计，满足在本硕博三个学位学历教育阶段均开设应急管理专业的高校有两所：杰克逊维尔州立大学和北达科他州立大学，满足本硕两个教育阶段的共16所，最终获得部分样本专业高校。美国应急管理专业的学位学历教育，见表1。

样本高校的专业培养方案等信息主要来自高校官方网站以及联邦应急管理署高等教育项目网站获取的公开信息。其中，学科培养方案包括详细的培养目标、学分要求、课程介绍、教学规划等内容，所获得的公开数据资料能够满足本研究的基本需要。

表1　美国应急管理专业的学位学历教育

应急管理学位学历种类	数量/所
博士学位	7
硕士学位	52
研究生学历	59
学士学位	73
本科辅修	54
辅修学士学位	54
独立专业学历	52
多门专业学历	22

四、美国高校应急管理高级人才的培养体系

（一）目标体系

培养目标是课程设置的起点，同时培养目标的定位是确定人才培养规格的关键。

美国高校应急管理专业培养对象主要分为两类，一类是还未就业但今后希望在应急管理有关的公私营部门工作的学生，另一类是已经在政府、私营和非营利部门从事应急管理的人员，希望进一步加强对应急管理有关知识的理解，提高应对突发事件的能力，包括公司应急经理、在紧急事件中需要和州与地方互动的员工、风险经理、损失控制经理、安全经理、市、县和州应急管理人员等。各高校根据学员的自身素质和工作职能性质及今后的就业去向设置不同的培养目标，因材施教、因需而教，提高教育实效。

通过搜索各样本高校官网应急管理专业培养目标的表述文本分析发现，美国高校应急管理专业高级人才的培养目标具有一些共性特征：如培养面向公共突发事件全过程管理的专业人才，着重培养学生的领导力、批判性思维以及和其他部门协调沟通等能力；为紧急管理和危机管理的政府、私营和非营利部门培养储备人才，旨在预防和减少各类突发事件对国家、地区和公众造成的损失，从而保障公众的生命财产安全，维护国家安全和稳定等。美国部分高校应急管理专业人才培养目标设置，见表2。

表2 美国部分高校应急管理专业人才培养目标设置

序号	学校	培养目标
1	美国公立大学	培养应急管理和公共安全领域的专业人才；培养洪水、火灾、地震等灾害响应领域的应急管理专业人员，以及在重大事件期间提供安全协作信息共享环境的国土安全人员
2	普渡大学	培养能够管理现代消防、应急管理系统和应急准备机构各个方面的领导人才；培养应对技术、人力资源管理和财政责任方面新挑战的应急服务人员
3	亚利桑那州立大学	培养应急管理和国土安全领域具有批判性思维的领导人才；培养有兴趣从事国土安全领域的政策和项目的研究人员
4	杰克逊维尔州立大学	培养公、私及志愿部门的应急管理专业人才，制定高级应急管理专业人员规划和实施计划，以降低灾害发生的风险，并在其发生时有效应对和恢复
5	纽约城市大学约翰·杰伊学院	培养消防、应急管理和紧急医疗服务行政等岗位的领导人才；培养希望升职或在国土安全、应急管理、业务持续、灾后恢复、项目管理和国际人道主义应急响应领域任职的人，可以全面接触应急管理和业务持续的基本知识
6	麻省海事学院	培养学生能够适当预测、减轻、应对自然和人为灾害相关的问题和挑战，并从中恢复的能力
7	北达科他州立大学	培养应急管理及相关领域成功的从业者，同时也为学生的研究工作打下基础
8	芬德雷大学	培养在各级应急管理私营企业和政府工作的人员；满足志愿者和已经在国土安全和应急管理领域从业的人员从业务层面到战略层面领导和管理的需要
9	佛罗里达大学	为学生在应急服务行业的职业生涯做好准备；希望拓展在应急规划、减灾和备灾、应急响应和恢复、国土安全等方面的知识
10	阿拉斯加大学费尔班克斯分校	专注于培养在日益复杂的环境中能够领导和管理个人和组织的人才。通过在消防、执法、军事或其他相关领域的教育、培训和经验，培养学生相关的技术能力；该学位是专门为满足在火灾、法律、紧急医疗服务和安全领域为地方、州、联邦和国际各级提供行政监督、监督控制、领导或管理角色的人的需求而建立的
11	克朗学院	培养在执法部门、军事部门、城市规划和非营利性救济组织工作的人员
12	乔治华盛顿大学	培养致力于在政府、私营和非营利部门从事应急管理、危机管理等职业的人员

（二）课程体系

课程设置既是高校实现其人才培养目标的根本保证，又是实现专业人才培养目标的中心环节，直接影响着人才培养的质量。应急管理是多学科、跨学科交叉融合，具有应用操作性强、综合复杂等特点，因此对应急管理专业知识体系的系统性和实践性提出较高要求。

1．美国高校应急管理专业本科课程设置

通过对样本专业所开设的本科课程设置频次进行统计可知：美国各高校应急管理专业本科课程体系主要涵括六大类课程。一是管理、公共管理及应急管理基本理论课程，如应急管理、公共管理、管理学、组织行为学等。二是某一具体领域的应急管理专业知识与技能课程，如危机应对和创伤护理、危险品社区管理、情报与安全、火灾调查与分析等课程。三是人文科学、自然科学、社会科学和思维科学等领域的通识课程，如艺术鉴赏、自然科学、文学研究等。四是培养应急管理通用职业能力的课程，如领导力培养、公开演讲、阅读与写作等。五是具有强整合性的顶石课程，如高级顶石课程等。六是研究方法类课程，如定量分析与定性分析、研究设计与方法等。美国部分高校应急管理专业本科课程设置，见表3。

表3 美国部分高校应急管理专业本科课程设置

课程设置		频率	百分比	有效百分比	累积百分比
有效	应急管理及其相关基本理论	218	51.2	51.2	51.2
	某一具体领域的应急管理专业知识与技能	81	19.0	19.0	70.2
	通识课程	65	15.3	15.3	85.5
	应急管理通用职业能力课程	48	11.3	11.3	96.8
	顶石课程	9	2.1	2.1	98.9
	研究方法类课程	5	1.1	1.1	100.0
总计		426	100.0	100.0	

美国高校应急管理专业本科课程设置在应急管理及相关基本理论的基础上，以学校特色为切入口，有针对性地培养学生在某一领域的专业技能，同时非常注重学生通用素养与职业能力的培养，形成了各具特色又全面综合发展的课程体系。[2]美国部分高校应急管理及其相关基本理论课程设置，见表4。

表 4　美国部分高校应急管理及其相关基本理论课程设置

课程设置		频率	百分比	有效百分比	累积百分比
有效	应急管理	61	27.4	27.4	27.4
	准备、响应、恢复和缓解	33	14.8	14.8	42.2
	公共管理通识课程	30	13.5	13.5	55.7
	灾害管理	27	12.1	12.1	67.8
	应急服务	23	10.3	10.3	78.1
	……	……	……	……	……
总计		223	100.0	100.0	

(1) 基于突发事件生命周期的核心课程设置

通过进一步对频次出现最高的核心课程群进行分析，应急管理及其相关基本理论课程主要涉及应急管理基本理论、公共管理相关理论、管理学相关理论等，核心课程组织过程中围绕预防、准备、响应和恢复重建等四个阶段，以风险管理、灾害管理、应急服务、国土安全、恐怖主义等为重点，纳入经济学、管理学、心理学等交叉学科课程，形成系统的应急管理基础知识体系。

(2) 基于特色导向的主干课程设置

统计显示，46%的样本高校应急管理专业都针对至少一个具体领域开设了相应的应急管理专业知识与技能课程，课程数量占总开设课程的19.3%，仅次于核心课程。如佛罗里达大学围绕“火灾与消防”开设了消防分析方法、消防研究的应用、消防和应急服务管理、火灾调查与分析、防火组织与管理、消防的政治和法律基础、消防和应急服务管理原则等课程。数据显示，美国样本高校应急管理专业的主干课程集中在火灾与消防、有害物质管理、网络与信息安全、健康与医疗、航空航天等领域。

(3) 强调交叉学科思维的通识课程设置

在美国高校应急管理专业设置的课程中，人文科学、自然科学、社会科学和思维科学相关领域课程数量占15.5%，可见美国高校注重学生在哲学、音乐、环境科学、思维科学等方面的素养培育。同时，美国高校应急管理专业给学生提供了与专业课程数量相近的选修课程，选修课程聚焦学科交叉和前沿性问题，如商业风险与脆弱性评估、灾害中的危机干预等课程。

(4) 注重整合与实践的能力课程设置

应急管理专业课程中有一部分课程旨在培养学生在应急管理中的通用职业能力，主要为领导力与决策力、阅读与写作能力、人际交往与团队协作等诸多方面。如亚利桑那州立大学、哥伦比亚国际大学、内布拉斯加大学奥马哈分校等开设了公共演讲课，通过帮助学生建立一套对复杂问题进行分析的思维模式，锻炼带有情感渲染力的沟通方式，提高危急时刻下和听众沟通的能力，比如有特殊职责的官员需要向公众（或特定的人群）解释某一突发情况，或召开记者招待会，安抚民众、维持秩序和保证稳定等。

亚利桑那州立大学、北达科他州立大学等多所高校开设了“顶石课程”。应急管理专业设置的顶石课程是一种让学生整合并充分利用应急管理领域的知识、技能和态度的课程。通过顶石课程，学生能够主动整合已学习到的知识，并掌握职业技能，完成一些应用性的项目，如：短期实习、无偿服务等，把所学知识和技能应用于解决实际问题，为进入职业社会做好铺垫。类似课程还有应急管理实习、跨文化实习、模拟与训练等。

2. 美国高校应急管理高级人才本硕博课程设置

北达科他州立大学和杰克逊维尔州立大学均开设了应急管理专业，俄克拉荷马州立大学开设了消防和应急管理专业，这三所高校本硕博课程开设的纵向分析结果对我国应急管理专业建设具有较强的借鉴意义。

北达科他州立大学在学士学位阶段，围绕准备、响应、缓解、恢复等四阶段进行广泛的基础教育，硕士学位阶段辅以具体案例，强调学生对灾害、脆弱性等方面的深入理解，博士学位阶段则更进一步强调学生应参与到应急管理相关的政策制定和分析的探讨中，相应的实习和理论方法学习的层次也不同于硕士研究生阶段。

北达科他州立大学应急管理系的硕士学位课程设置了两个方向。① 论文方向：以研究为重点，结合应急管理课程工作和研究方法。适合希望攻读应急管理或相关学科博士学位的研究生以及想要完成传统的硕士学位的学生。② 综合学习方向：更以实践为基础，包括应急管理方面的课程工作和实习要求。北达科他州立大学应急管理专业教学方案，见表5。

表5　北达科他州立大学应急管理专业教学方案

<table>
<tr><th>学位</th><th colspan="3">培养方案</th><th>培养目标</th></tr>
<tr><td>应急管理学
学士学位
（42学分）</td><td colspan="3">紧急事件、灾害和灾难
应急准备
灾难缓解
应急响应
灾难恢复
职业发展
顶石课程
实习
选修</td><td>为学生提供广泛的教育基础，以支持其进入应急管理的不同领域就业；通过让学生接触丰富的研究和科学知识来指导实践，开发有效实施应急管理所必需的技能，并辅以教师指导</td></tr>
<tr><td rowspan="6">应急管理学
硕士学位
（39学分）</td><td></td><td>论文方向</td><td>综合学习方向</td><td rowspan="6">以应急管理课程为核心，旨在帮助学生学习和理解人类如何理解、应对灾害；着重研究人类如何通过准备、响应、恢复和缓解等四阶段来处理突发事件</td></tr>
<tr><td>方法</td><td>定性分析
定量分析
理论、研究与实践</td><td>—</td></tr>
<tr><td>应急管理知识</td><td>应急准备理论与实践
灾难缓解理论与实践
应急响应理论与实践
灾难恢复理论与实践</td><td>理论、研究与实践
应急准备理论与实践
灾难缓解理论与实践
应急响应理论与实践
灾难恢复理论与实践</td></tr>
<tr><td>选修</td><td>9学分</td><td>18学分</td></tr>
<tr><td>实习</td><td>—</td><td>实习</td></tr>
<tr><td>论文</td><td>硕士学位论文</td><td>—</td></tr>
<tr><td rowspan="5">应急管理学
博士学位
（90学分）</td><td>理论与方法</td><td colspan="2">应急管理理论
高级研究方法
定性分析
定量分析
应用统计学</td><td rowspan="5">提供职业指导，开展描述和解释与应急管理相关的模式、流程、变化和效率的研究，以及与应急管理相关的政策制定和分析；此外，学位课程要求学生从应急管理以外的学科中选择两个重点领域</td></tr>
<tr><td>功能领域</td><td colspan="2">应急准备理论与实践
灾难缓解理论与实践
应急响应理论与实践
灾难恢复理论与实践</td></tr>
<tr><td>选修</td><td colspan="2">33学分</td></tr>
<tr><td>实习</td><td colspan="2">专业研究实习
专业应用实习</td></tr>
<tr><td>论文</td><td colspan="2">学位论文</td></tr>
</table>

杰克逊维尔州立大学在硕士研究生阶段开设了应急管理一般研究方法的课程，而在博士研究生阶段，这些课程则具体落实到研究设计、高级数据分析、成本-收益分析、定向研究、定性研究、评估研究课程中。同时，还设置了多样的综合研讨会丰富学习。杰克逊维尔州立大学应急管理专业教学方案，见表6。

俄克拉荷马州立大学的消防和应急管理课程也是美国历史最悠久的课程之一，在硕士研究生和博士研究生阶段开设了消防和应急管理专业。其硕士研究生阶段课程的设置主要集中在应急管理、消防管理、研究和论文写作方面，而博士研究生阶段在此基础上则加入了国际领域的课程，如国际环境下的应急管理、消防及应急管理的国际维度和比较等。俄克拉荷马州立大学消防和应急管理专业教学方案，见表7。

表 6　杰克逊维尔州立大学应急管理专业教学方案

<table>
<tr><th>学位</th><th colspan="3">培养方案</th><th>培养目标</th></tr>
<tr><td>应急管理学学士学位</td><td colspan="3">灾难管理导论
减灾与备灾
灾难响应与恢复
风险中的人群
选修课程(9 学时)
紧急情况管理高层课程
灾害管理与应急管理研究
顶石课程</td><td>该学位课程旨在为公、私及志愿部门的应急管理岗位提供人才；项目中的跨学科课程将理论观点与职业实践相结合，强调将知识应用于实践中</td></tr>
<tr><td>应急管理学硕士学位</td><td colspan="3">应急管理导论
应急管理研究方法
灾难预防
应急准备
应急响应
灾难缓解
选修课程(12 学时)
顶石课程</td><td>该项目旨在让高级应急管理专业人员制定并实施相应计划，以减少灾害发生的风险，并在灾害发生时也能有效应对和恢复</td></tr>
<tr><td rowspan="6">应急管理学博士学位</td><td>综合研讨会</td><td>综合研讨会 1
综合研讨会 2</td><td>综合研讨会 3</td><td rowspan="6">该计划旨在使高级应急管理专业人员和未来的应急管理人员具备全面的知识，理解管理和减少灾害风险的要求，以对突发事件进行有效的响应并从中快速恢复</td></tr>
<tr><td>行政与政策(四选三)</td><td colspan="2">灾害管理原则与实践
跨学科灾害理论与研究
制度背景与应急管理政策
应急管理中的系统思维及应用</td></tr>
<tr><td>实践(三选二)</td><td colspan="2">风险管理和社区弹性
基于风险的响应和恢复的策略探究
应急管理的项目管理</td></tr>
<tr><td>研究(六选四)</td><td colspan="2">研究设计
高级数据分析
成本-收益分析
定向研究
定性研究
评估研究</td></tr>
<tr><td>选修</td><td colspan="2">9 学时</td></tr>
<tr><td>论文</td><td colspan="2">论文研究</td></tr>
</table>

表 7　俄克拉荷马州立大学消防和应急管理专业教学方案

<table>
<tr><th>学位</th><th colspan="2">培养方案</th><th>培养目标</th></tr>
<tr><td rowspan="5">消防和应急管理学硕士学位</td><td>必修课</td><td>研究设计
实习
消防与应急管理行政研讨会
消防与应急管理导论</td><td rowspan="5">俄克拉荷马州立大学的消防和应急管理课程是美国历史最悠久的课程之一。通过该课程的学习，学生能获得在以下领域培养领导者方面卓越的学术经验：消防服务、灾难管理、应急管理等领域</td></tr>
<tr><td>应急管理(四选二)</td><td>灾难缓解
预防和准备
应急响应
恢复与重建</td></tr>
<tr><td>消防管理(三选二)</td><td>公共预算与财政
公共人事行政
公共组织的设计、结构和过程</td></tr>
<tr><td>研究(三选一)</td><td>定量分析方法
定性分析方法
针对消防和应急管理人员的量化方法</td></tr>
<tr><td>选修</td><td>6 学时</td></tr>
</table>

表 7（续）

学位	培养方案		培养目标
消防和应急管理学博士学位	必修课	消防与应急管理导论 消防与应急管理研讨会 公共组织的设计，结构和流程 灾难、风险和脆弱性评估	学生能获得在以下领域培养领导者方面卓越的学术经验：消防服务、灾难管理、应急管理等领域。俄克拉荷马州立大学的博士学位课程旨在培养精通且活跃的研究学者，为专业的、以研究为导向的学术机构培养有才能的职业教师
	应急管理（四选三）	灾难缓解 预防和准备 应急响应 恢复与重建	
	消防管理	消防管理目前的问题 消防与应急管理行政研讨会	
	研究	定性分析方法 定量分析方法 灾害研究设计与研究方法 针对消防和应急管理人员的量化方法	
	国际（三选一）	国际环境下的应急管理 复杂的紧急情况 消防及应急管理的国际维度和比较	
	论文	学位论文	

美国高校应急管理专业课程设置体现出内在逻辑性清晰、核心课程突出、课程衔接好、连续性强等特点。无论是理论知识还是研究方法的课程设置都体现了由本科到硕士研究生、再到博士研究生由浅入深的过程，各学段层次有机衔接、逐步推进。知识点的充分衔接和课程难度递进，在一定程度上避免了专业知识的断层。如，北达科他州立大学，形成了从本科到博士研究生，围绕应急管理“准备、响应、恢复和缓解”等四个阶段开展的系列课程，有利于形成完整的知识链，促进学习效率的提升，同时又凸显了高校自身特色和优势。

（三）教学管理体系

美国高校教学管理体系呈现出针对性与系统性相结合、根据不同学段有侧重地开展教学活动的特点。[3] 从本科到博士研究生，不同阶段的学习对能力的培养和知识掌握程度的要求不同，课程设置也随之改变。

本科阶段主要以集中授课的方式短时间内提升学生对该课程的初步认识与理解，全面系统地进行应急管理基础知识的学习；到了硕士研究生阶段，在对应急管理专业知识内涵特点和学科前沿动态有了一定程度了解的基础上，进一步深化学习，并开始接触定性和定量分析的研究方法。同时，丰富的跨学科的选修课程有利于拓宽视野，帮助学生找到自己感兴趣的领域，为博士研究生阶段确定研究方向提供参考；而博士研究生的科研方向已经非常细化，专业课集中授课的方式和简单的知识介绍已难以适应科研需求。此阶段主要依托科研活动和专题项目组织研讨课，在授课的同时进行多样化科研实践，如实验活动、学术报告、学术交流等。

部分高校即使是在博士研究生培养阶段，也要求学生必须完成一定学分的选修课课程。选修课程的内容与科研项目密切联系，具备前沿性、交叉性和应用性，不同阶段又各有侧重，能够激发学生的研究兴趣，帮助他们了解前沿动态，活跃思维，加强学生的知识储备，为今后承担多学科交叉性的复杂研究课题打下基础。

五、美国高校应急管理高级人才培养体系对我国的启示

完善的应急管理学科建设、一流的高校专业应急管理教育是解决应急管理人才缺乏的必然要求，也是提升我国应急管理能力和水平的现实途径。美国高校应急管理专业人才培养体系为我国应急管理教育培训体系提供了如下启示。

（一）加强应急管理学科建设，完善应急管理学位学历教育

我国应急管理专业在本科阶段的建设不足，学科设计缺乏完整性和系统性。2009 年暨南大学应急管理学院成立，是我国首个应急管理学院。国内其他高校如清华大学、北京大学、吉林大学等也都陆续开设跟应急管理方向相近的专业课程，但多为短期培训课程或研究生层次的课程。同时，我国现有应急管理学科究竟属于哪个一级学科在认识上尚无定论，有的将其归为公共安全管理，有的将其归为安全技术与科学，有的将其归为行政管理等，学科边界较为模糊。

因此，要加强应急管理学科顶层设计，形成其独立的知识体系和自身发展的逻辑轨迹，并积极开展多层次的应急管理教育，进一步扩大实施应急教育的范围，实现从本科（学士）、研究生（硕士、博士）阶段完整而系统的学历学位教育。

（二）设置分类分层的培养目标，培养适才适用的应急管理高级人才队伍

有针对性的教育培养，是提高人才综合素质的有效途径。[4]根据学生基础差异及需求的不同，确立不同类型的人才培养目标，如应急管理研究型人才、高级专业技术人员等，并根据不同学段进行课程设置。本科阶段，可以就某一专业或技术领域设置相关课程，培养学生在该专业技术领域的研究与分析能力；硕士层面则更重视综合应急管理能力教育，并加强在某一类或几类应急技术领域的知识教育，提高实践应用能力。同时，适时进行分流教学，引导学生按照自己的兴趣以及未来发展方向，进行相关课程的学习。

（三）注重知识与能力的整合，提升应急管理人才专业技能与通用能力

风险社会对高素质、高水平应急管理队伍的需求不断增加。同时，应急管理多学科、跨学科交叉融合，具有应用操作性强、综合复杂的特点，对高校学子兼顾理论知识学习和具体应急管理实践提出了新的要求。

在美国，除课堂讲授、案例教学、参观考察等传统式讲授方法之外，高校教学中还突出运用演练的授课方式。学员们以情景模拟和角色扮演的形式，在模拟真实场景的情况下展开讨论和实践活动，更好地了解和熟悉突发事件的应急方案、政策、决策程序，甚至在此过程中开发新的方案、制定新的政策和程序。

合理借鉴美国经验并结合我国应急管理人才教育培训的现状，我国应将高校科研院所研究教学内容和日常生活中应对突发事件的实战结合起来，使应急管理人才能在突发事件发生时合理运用应急管理的知识、技能和方法。

参考文献

[1] 牛皓宁，丁立. 国外应急管理培训经验分析及对我国的启示[J]. 中国劳动关系学院学报，2011，25(3)：95-98.

[2] 韩承鹏. 中美高校应急管理专业的课程设置比较分析[J]. 煤炭高等教育，2019，37(4)：38-42.

[3] 庞宇. 美国高校应急管理教育培训现状及启示[J]. 中国应急管理，2012(10)：43-46.

[4] 洪凯. 中美应急管理教育的比较与启示[J]. 高等农业教育，2011(7)：81-84.

Research on Emergency Management Higher Education in the United States: A Case Study of Emergency Management Majors in Some American Universities

Pu Mingfeng

Abstract: Emergency management education in American universities arose in the early

21st century, and has developed continuously under the promotion of the Federal Emergency Management Agency, and has formed a relatively complete and systematic teaching and education system. Based on the training of emergency management professionals in some universities in the United States, this paper analyzes them in detail in terms of training objectives, curriculum Settings and teaching management, hoping to provide reference for improving the quality of emergency management education and training in China.

Keywords: the United States; emergency management; higher education; curriculum setting

后　记 Postscript

《公共安全管理评论(2020)》的出版得到课题组主要成员王义保、许超、施炜、翟军亮、张彦华等老师们的大力帮助以及刘婉玉、张志惠等研究生同学的全力支持,在此表示衷心的感谢!

对于各篇章论文的撰稿作者辛勤劳动表达诚挚的谢意!在本书的编写过程中,涉及大量的国内外众多学者和专家的文献资料,参考文献恐有遗漏,特此致歉。感谢中国矿业大学出版社对此书出版的付出与帮助。

公共安全管理是一个涉及政治学、行政学、管理学、安全管理学、心理学等多学科的交叉领域,涵盖自然灾害、事故灾难、公共卫生事件、社会安全事件的风险、危机及应急管理等问题,涉及面宽泛,影响因素与机理十分复杂。本书的内容只是该领域研究著述的沧海一粟,期待更多的研究者对公共安全管理领域的研究投入更多的精力,获得更丰富的研究成果。

编者

2020 年 8 月